宫崎滔天家藏民国人物书札手迹（第二卷）

中国宋庆龄基金会研究中心 编

中国出版集团公司
华文出版社

图书在版编目（CIP）数据

宫崎滔天家藏民国人物书札手迹. 第二卷 / 中国宋庆龄基金会研究中心编. -- 北京：华文出版社，2021.1
ISBN 978-7-5075-5375-8

Ⅰ. ①宫… Ⅱ. ①中… Ⅲ. ①历史人物—手稿—收藏—中国—民国 Ⅳ. ① G262.1

中国版本图书馆 CIP 数据核字 (2020) 第 231917 号

宫崎滔天家藏民国人物书札手迹（全八卷）

编　　　者：	中国宋庆龄基金会研究中心
责任编辑：	潘　婕
出版发行：	华文出版社
社　　　址：	北京市西城区广外大街 305 号 8 区 2 号楼
邮政编码：	100055
网　　　址：	http://www.hwcbs.com.cn
电　　　话：	总编室 010-58336239　　发行部 010-58336238　　责任编辑 010-63429159
经　　　销：	新华书店
印　　　刷：	北京画中画印刷有限公司
开　　　本：	889mm×1194mm　1/12
印　　　张：	166.33
字　　　数：	1436 千字
版　　　次：	2021 年 1 月第 1 版
印　　　次：	2021 年 1 月第 1 次印刷
标准书号：	ISBN 978-7-5075-5375-8
定　　　价：	1999 元

版权所有，侵权必究

《宫崎滔天家藏民国人物书札手迹》(全八卷)编辑委员会

特别顾问：王家瑞　宫崎蕗苳（日）
顾　　问：章开沅　杨天石　宫崎黄石（日）　久保田文次（日）
主　　任：杭元祥
副 主 任：井顿泉　于　群
委　　员：唐九红　艾　多　陈爱民　宋　健　孙晓燕　李长莉　赵立彬

本卷执行编委

主　编：艾　多
编　辑：李　朋　赵　波

《宫崎滔天家藏民国人物书札手迹》(第二卷第1版)编辑委员会

特别顾问：胡启立　宫崎蕗苳（日）
顾　　问：唐闻生　章开沅　宫崎黄石（日）　久保田文次（日）
主　　任：齐鸣秋
副 主 任：井顿泉
委　　员：（以姓氏笔画为序）
　　　　　艾　多　衣学磊　孙晓燕　李　庆　杨天石
　　　　　何大章　宋志军　陈红军　陈爱民　唐九红

本卷执行编委

主　　编：艾　多　何大章
编　　辑：李　朋　赵　波

出版说明

宫崎滔天是日本熊本县人，早年受资产阶级民主思想的影响，追随孙中山支持中国民主革命。宫崎家藏大量中国近现代珍贵历史资料，一直未能公之于世，因而备受各界关注。

20世纪70年代末80年代初，中日史学界研究辛亥革命的学者，开展国际交流研讨的活动渐渐多起来。1981年，北京景山学校日语教师何子岚先生因与宫崎家熟悉的缘故，曾协助对其家藏的历史资料进行整理。同年10月，宫崎滔天的孙女宫崎蕗苳女士及其先生宫崎智雄教授应邀到中国参加纪念辛亥革命70周年大会，向大会赠送了一批家藏的文献资料，引起史学界的注意。1982年，著名历史学家刘大年先生致函宫崎蕗苳女士，提出与宫崎家合作整理、研究资料的建议，并指派中国社会科学院近代史研究所荣孟源先生推动，1985年荣先生不幸病逝，工作被迫中断。此后，中国学者陆续造访宫崎家，阅览资料并作了相关研究。黄兴、何天炯后人在与宫崎家的来往中，也曾获取这些资料的相关部分。1993年，宫崎蕗苳女士向历史学家章开沅先生初步透露希望系统整理与出版其家藏资料的意向。

2005年11月，中国宋庆龄基金会与中央电视台共同赴日本九州拍摄《寻访孙中山的足迹》文献片过程中，参观了宫崎兄弟的故居，了解到宫崎家藏资料的情况，感到对中国近代史研究具有重要意义，并感慨这批资料历经一个多世纪得以保存下来的不容易。2007年11月，在章开沅先生的帮助和引荐下，中国宋庆龄基金会正式启动了整理出版宫崎滔天家藏有关中国革命资料的项目。这一项目得到宫崎蕗苳女士、宫崎黄石先生及其夫人的大力支持，也得到了日本学者久保田文次、久保田博子夫妇的积极帮助。2011年，在辛亥革命百年之际，中国宋庆龄基金会将先期整理出来的部分资料汇集，由人民美术出版社出版了《宫崎滔天家藏——来自日本的中国革命文献》一书，受到海内外各界的关注与赞扬。2013年，为了推动这项工作的持续开展，中国宋庆龄基金会成立了"宫崎滔天家藏资料研究"项目组，制订规划、组织专人、明确任务，每年两次至三次派出工作组赴东京西池袋宫崎滔天旧居工作，对这些珍贵资料进行分类、编目、扫描等。同时，工作组坚持整理与保护并举的良好做法，认真持续地对文物原件采取防潮、防虫等保护措施，得到了宫崎家的进一步信任。2016年春，资料整理基本进入尾声，按计划进入编辑出版阶段。经过反复论证，确定了以《宫崎滔天家藏民国人物书札手迹》为书名，分八卷逐卷出版的方案。

《宫崎滔天家藏民国人物书札手迹》收录辛亥革命至民国期间，包括孙中山、宋庆龄、黄兴、廖仲恺、何香凝、宋教仁、何天炯、戴季陶、蒋介石、汪精卫、胡汉民、朱执信、于右任、黄复生、陈其美、李烈钧、谭延闿、邓恢宇、孙毓筠、吴玉章、陈独秀、李大钊、毛泽东、熊克武、但懋辛等近百位与宫崎家有书信往来的中国历史人物的相关资料，涵盖笔谈、信函、题词、手札等。资料集采用影印形式出版，由相关专家学者对原文进行释读。释读中，原文错字用〔 〕号，增补者用〈 〉标出，模糊不清或无法辨认者用□标示，汉字形式的日文在[ ]内标注中文含义，个别人物化名或指代名以编者注的形式在【 】内标出。关于资料编排，首先按资料类型区分，第一卷至第六卷为笔谈、信函，第七卷、第八卷为题词；其次按照资料涉及人物、数量等情况相对集中编于各卷，各卷中按人物姓名拼音首字母顺序排列，同一人物的按资料时间顺序排列，日期不详或无法考证的置于该人物末尾。由于编者水平所限，书中难免有错讹之处，敬请读者指正。

在宫崎滔天家藏资料整理与出版工作中，宫崎家一如既往地给予信任和支持，中国驻日本大使馆及日本宋庆龄基金会等机构积极协助，章开沅、金冲及、黄彦、尚明轩、步平、严昌洪、罗福惠、王晓秋、杨天石、汪婉、李长莉、赵立彬、何大章、陈红军、沈锡麟、彭剑、苏刚及久保田文次、久保田博子等中日两国专家学者进行热忱指导，中国宋庆龄基金会理事孙晓燕、中山大学历史系教授赵立彬、井冈山大学外国语学院霍耀林参与大量具体工作，于志强先生提供部分资助，中国出版集团和华文出版社给予大力支持，在此一并致谢。

编者

2020 年 11 月

序一

章开沅

我与宫崎家族可以说有天生的缘分。

小时候曾在父亲的书架上翻阅过《三十三年落花梦》，知道在日本曾经有位流浪武士，如同《隋唐演义》中的侠士虬髯客一样，把孙中山当作李世民式的明君，忠心耿耿帮助他发动辛亥革命，建立中华民国。

长大成人当上历史教师以后，由于研究辛亥革命，日本浪人与宫崎滔天成为绕不开的话题，对他有了更为具体的认知。但是在很长一个时期，由于中日已成敌国，所以从来不敢对这位东洋豪侠之士公开肯定。

直至"文化大革命"结束，中国进入改革开放的历史阶段，我们才有可能对宫崎滔天及其家族进行客观而较深入的研究。其实，就在"文化大革命"发动的那一年，即1966年春天，我差一点就与滔天的侄子世民见面。那时我被"纪念孙中山诞辰100周年筹备委员会"借调，参与出版孙中山、宋庆龄文集与征集史料方面的学术性工作，借住在白塔寺全国政协宿舍。宫崎世民正好也在北京友好访问，可能是想提供珍贵史料，急于与筹委会联络。当时北京市委已经成为批判对象，市内人心惶惶，筹委会又没有正式办公地点，及至找到我的住处，宫崎世民已经在飞机场候机返国，所以只能约定在机场见面。政协工作人员非常关切，赶紧派车送我到机场，但为时已晚，飞机即将起飞，那时又无手机，所以连说一句送别的话都无法实现。

1978年春，黄兴的女儿德华与丈夫薛君度到长沙访问，邀我共同探讨黄兴评价问题，宫崎兄弟自然成为重要话题。其时黄兴长子一欧因病住院，我们专程前往探访。他虽然高龄衰病，但谈起1907年至1911年年初寄住在宫崎家的往事，仍然充满依恋之情。感叹说："宫崎滔天已经去世50多年了，我虽已进入衰暮晚年，仍然时常想起这位和蔼可亲的长辈，他的音容笑貌，历历如在眼前。"那些年宫崎只顾为孙中山东奔西走，家中经济极为贫困，但滔天夫人宁可给亲生儿子吃杂粮，也要保证一欧吃米饭健壮成长，及时回国参加辛亥革命。

1978年春夏之交，日中友协（正统）奈良县本部名誉会长北山康夫先生来武汉访问，交流辛亥革命研究情况。我顺便介绍了一下一欧老人的回忆，他顿时激动起来，并把滔天当年主编的《革命评论》杂志送给我。据说整个日本能够完整保存下来的只有两套，这是他自己珍藏多年的纪念品。我认真阅读了这套杂志，内心非常感动，并借用该刊登载的中国留日革命志士的诗句"只教文章点点血，流作樱花一片红"，作为题目，写成一篇深情散文在《人民日报》（海外版）发表，公开表达了我对宫崎兄弟的崇敬之情。

日本史学界很多辛亥革命研究者看过这篇文章，所以1979年深秋访问京都大学时，狭间直树曾经陪同我前往熊本荒尾参观宫崎故居及家墓。家墓保存完好，旧居原貌仍存，引发我许多感慨。1981年日本举办纪念辛亥革命70周年国际研讨会，会后我与金冲及教授应荒尾市市长邀请，又专程前往拜谒这位日本先贤的故居及相关历史遗址，并且举办了盛大的公众集会，我与冲及发表了热情洋溢的讲话。

在此前一年，即1980年秋天，宫崎的孙女蕗苳率滔天会一行20余人访问中国，曾经专程来武汉与我晤谈。这是我与宫崎家族正式结交的开始。但彼此交往密切，相知渐深，却是在1993年夏季我滞留日本的两个多月期间。我与妻子不仅参加了滔天会的例行集会，而且再次比较从容地参观了东京宫崎故居收藏的宝贵文物与丰富文献。正是在此期间，蕗苳初步透露了这批历史文献的整理与出版的意向，由我回国寻求可靠的承办单位。日本东京女子大学久保田教授与宫崎蕗苳一家关系密切，其妻博子又是日本宋庆龄研究会的骨干，自愿担任日方的相关联络。回国以后，我立即与中国宋庆龄基金会通报此事，并且迅速得到他们的明确回复，决定承办宫崎家文献的影印出版事宜。经过多方努力与辛勤整理编辑，终于实现了我们多年的共同梦想，其丰硕成果就是由中国宋庆龄基金会研究中心主编，人民美术出版社于辛亥革命百年纪念期间隆重推出的《宫崎滔天家藏——来自日本的中国革命文献》，线装影印，装帧典雅，受到海内外各界人士的热情赞扬。

此书出版后，曾在北京隆重举办新闻发布会，我与宫崎蕗苳及黄石母子，还有久保田文次教授，再次在北京欢聚，洋溢欣慰之情。正是在这次会上，我倡议再接再厉，一鼓作气，把宫崎家藏全部与中国相关的历史文献加以整理，逐卷影印出版。当即得到与会者一致赞同，而更为可贵的是中国宋庆龄基金会的相关领导，深切理解这项编辑出版工程的重大意义与深远影响，立即开始运作，共同书写中日友好合作交流的新篇章。

经过宫崎家族与宋庆龄基金会的通力合作，宫崎家藏历史文献整理编辑工作有序高效推进。今年即可出版两卷，主要为宫崎滔天与孙中山、黄兴两人的来往函札。这是对孙中山150诞辰周年的最好纪念。作为此项重大工程的倡议者与参与者，能够亲眼看见多年梦想逐步化为现实，内心之喜悦难以言表，只能草成此序，略抒胸臆而已。

丙申仲秋于桂子山，年方九十

序作者为华中师范大学原校长、荣誉资深教授。

序二

杨天石

宫崎滔天是孙中山的亲密友人，和中国许多革命人士交往频繁，一生热诚支持中国革命，家藏大量相关信函、笔谈、照片等珍贵文物。2010年，为迎接辛亥革命100周年，中国宋庆龄基金会编辑并影印出版了孙中山与宫崎滔天的笔谈39枚、信函多通，受到世界中国近代史学界的广泛关注。2016年，为纪念孙中山诞辰150周年，宋庆龄基金会得到宫崎滔天后人授权，拟逐卷出版其全部家藏的中国革命人士的手迹等文物。这将为中国近代史的研究提供大批珍贵资料，是孙中山150周年诞辰纪念活动中最重要、最有光彩、最为学界关注的一笔。

宫崎滔天（みやざき とうてん 1871—1922），本名宫崎寅藏，一名虎藏，别号白浪庵滔天。出身于日本熊本县玉名郡荒尾村（今荒尾市）的"乡士"家庭（"武士寒门"）。有七个哥哥，三个姐姐，寅藏居末，与其兄宫崎八郎、宫崎民藏、宫崎弥藏四人，合称为宫崎兄弟。其中，八郎是日本自由民权运动的健将，1877年战死于反对封建藩阀的西南战争中；二哥民藏反对封建土地制度，倡导土地均分论，组织土地复权同志会，是日本提出土地问题的先驱；三哥弥藏认为当时的世界"弱肉强食"，"强者逞暴，日甚一日，弱者的权利与自由，一天天地丧失殆尽"，"必须速谋恢复之策"。三位兄长的思想都给了滔天以深刻的影响。

滔天幼年随父亲宫崎长藏学习剑术，后就读于德富苏峰所办大江义塾和中村正直所办同人社。1886年，转入东京专门学校(今早稻田大学)英语科，开始关注亚洲的革命运动。1888年，弥藏对滔天说：要防止黄种人永远遭受白种人的压迫，"这个命运的转折点，实系于中国的兴亡盛衰"，"倘若中国得以复兴，申大义于天下，则印度可兴，暹罗、安南可以奋起，菲律宾、埃及也可以得救"，将"广泛地恢复人权，在地球上建立一个新纪元"。弥藏建议深入中国内地，遍访英雄，共图大事。如果找到治世豪杰，就愿效犬马之劳。弥藏的思想自此成为滔天"一生进路的指南针"。后来，滔天又在此基础上进一步扩展为"世界维新，欲行天道于此邪恶世界"。他在给妻子的信中表示："我们的朋友是穷人、乞丐，我们的敌人是君王、贵族、地主和富翁。我们势非与社会的最强者搏斗不可。"

1891年5月，滔天初访中国上海，无所成。1897年7月，滔天与平山周等经由犬养毅斡旋，得到日本外务省的资助，来华考察秘密结社。1897年9月，滔天与平山周在横滨陈少白的家中见到孙中山，孙阐述了自己的革命主张，认为"共和政治"为"政体之极则"。滔天对孙中山大为倾倒，感慨地写道："孙逸仙实在已接近真纯的境地。他的思想何其高尚，见识何其卓越，抱负何其远大，情念何其切实。在我国人士之中，究竟有几个如他？他实在是东方的珍宝。"自此，滔天就将自己振兴亚洲和振兴中国的希望寄托于孙中山身上。他不仅将孙中山引荐给犬养毅等日本政治、经济界要人，而且将孙中山所写《伦敦蒙难记》译成日文，改题《清国革命领袖孙逸仙幽囚录》，亲撰按语，在福冈的《九州日报》上连载。这样，孙中山在日本的影响就日渐扩大。

1898年戊戌政变发生，滔天护送逃亡香港的康有为到达日本，奔走于孙中山与康有为及其弟子梁启超之间，力图劝说两派联合，共同反对清朝政府。1899年11月，滔天协助毕永年等人，将兴中会、哥老会、三合会三派联合，成立兴汉会，推举孙中山为会长。1900年6月，滔天陪同孙中山等人自日本乘轮南下，企图乘北方发生义和团运动之机，以江苏、广东、广西等南方六省为基础，建立共和政体。滔天亲到广州，与李鸿章的代表刘学洵谈判，实行两广独立；又到新加坡，企图劝说康有为"复建共和之旗帜，握手协力"。康有为怀疑滔天为刺客，向英国殖民当局控告，滔天被捕。孙中山得知，从西贡赶来营救。10月，滔天参与惠州起义，负责从日本调运原菲律宾独立军所留弹药，由于政客和商人的欺骗舞弊，均为废物。11月7日，起义失败，滔天返回日本。他穷困潦倒，又不愿从政府的对华间谍组织获取经费，转职成为浪花节艺人，到日本各地演唱，筹措革命经费。他曾对家人说："我能挣到革命的经费，而无法挣到养家的经费，万分地抱歉，请你们自食其力吧。"

1902年，滔天出版自传《三十三年之梦》，其中《兴中会首领孙逸仙》一章详述孙中山的革命经历。孙中山为该书作序，称滔天为"今之侠客"，"识见高远，抱负不凡，具怀仁慕义之心，发拯危扶倾之志。日忧黄种陵夷，悯支那削弱，数游汉土，以访英贤，欲共建不世之奇勋，襄成兴亚之大业。闻吾人有再造支那之谋，创兴共和之举，不远千里，相来订交，期许甚深，勖励极挚。"该书1903年由章士钊节译，以《大革命家孙逸仙》为名出版，随即"风行天下，人人争看，竟成鼓吹革命之有力著述"。

1903年之后，中国内地的爱国青年纷纷赴日留学，滔天热情接待、联络。1905年7月，滔天陪同孙中山会见黄兴，"谈论极合"，一见如故。不久，再次陪同孙中山访问《二十世纪之支那》杂志社，会见湖南革命志士陈天华与宋教仁。同月30日，参加中国各省志士在东京赤坂区黑龙会会所举行的会议，决定成立新的革命团体。8月13日，参加中国留日学生在东京富士见楼举行的欢迎孙中山会，与日人末永节二人先后发表演说。8月20日，以孙、黄为核心的中国同盟会成立，滔天成为第一批外籍会员。11月26日，同盟会机关刊物《民报》创刊，公开提出民族、民权、民生三大主义，滔天的住宅成为其最早的发行所。为了与《民报》呼应，滔天创办日文杂志《革命评论》。在第4号上以头版刊登孙中山的大幅照片，同时刊登滔天所写文章《志士的风骨》，介绍孙中山的事迹和为人。第7号上发表《支那革命殉难者小传》，纪念史坚如、邹容、陈天华、吴樾等烈士。1906年7月15日，章太炎出狱，到达东京，中国革命党人在锦辉馆召开欢迎大会，滔天发表演说，声称世界专制之国，存于今日者只有中国及俄罗斯，"然俄于近年民党进步至锐，旦夕将达其目的，贵国宁能无动乎？"

孙中山在日本东京期间，曾将联络、运动日本各方的工作委托滔天。1907年，支持中国革命的平山周、北一辉、和田三郎几个日本人士之间发生矛盾，孙中山于9月13日致函滔天，委托其全权办理在日本的"筹资、购械、接济革命军"以及与出资者谈判等各方面的工作。函称："专托足下一人力任其难，如有所商酌，可直接函电弟处。"由此可见孙中山对滔天的高度信任。1909年，滔天的经济愈加困难，生活陷于绝境，东京赤坂警察署的署长企图乘机收买滔天，要他提供中国革命者的情报，被滔天愤然拒绝。孙中山作书致谢。函称："足下为他国事，坚贞自操，艰苦备尝如此，吾人自问，惭愧何如！"

滔天和黄兴也情谊深厚。1907年，黄兴将儿子一欧寄养于滔天家。1908年7月，黄兴到东京，与滔天"天天有来往"。当时，滔天全家吃豆腐渣过日子，却设法借债让黄兴吃白米饭。1910年2月，黄兴为在中国南方发动起义，委托滔天在日本招募步兵、炮兵、工兵官佐。滔天为此运动长谷川大将，陆军大臣寺内正毅乘机派亲信随滔天到香港考察，黄兴作诗赠滔天，表达"百万雄师直抵燕"的热切愿望。同年，滔天被日本政府列为甲号社会主义者，受到严密监视。1911年4月，孙中山听到滔天"贫而病"，从加拿大寄款慰问。

1911年10月10日，武昌起义。10月17日，滔天参加在东京日比谷公园举行的浪人会，主张日本"绝对中立"，反对政府乘机侵华，干涉中国内政。11月15日，滔天挪借旅费来华，准备西上汉阳，接到孙中山约见的电报后立即赶到香港，与孙中山同轮赴沪。1912年元旦，参加孙中山就任临时大总统典礼。为了解决北伐清廷所需军费，滔天等人介绍孙中山向日本三井财阀借款，最终未能成功，孙中山不得不接受袁世凯所提出的和议。8月，孙中山应袁世凯之邀北上，电告滔天，称袁世凯将授予滔天以米谷输出权，滔天以渴不饮盗泉之水自励，加以拒绝。9月1日，滔天与何天炯、邓恢宇等人共同创办中日文并用的《沪上评论》，倡导发展中日友好。10月，离华回国。

1913年3月，孙中山访问宫崎家乡，在致词中盛赞宫崎弟兄"竭尽全力"支持中国革命的精神，祝愿两国的友谊"能如吾等之君子之交"，"携手共进，和睦友善"。同月20日，宋教仁在上海遇刺，孙中山从日本匆匆回国，发动"二次革命"，滔天参与筹划。"二次革命"失败，孙中山、黄兴之间意见分歧，革命党人中出现严重分裂，滔天力图化解孙、黄两派之间的矛盾。1915年10月25日，出席孙中山与宋庆龄的婚礼。1915年，滔天为改变大隈重信内阁的对华政策，反对袁世凯，支援孙中山，曾试图参政。他在犬养毅、头山满、寺尾亨、阪本金弥等人的推荐下，设立事务所，竞选众议院议员，孙中山曾驰书鼓励，赞美滔天为"真爱自由平等博爱之人"。

1916年5月，滔天再次到上海，和钮永建等计议向日本财阀久原房之助借款，发动讨袁军事。同年10月31日，黄兴逝世，滔天"痛心欲绝"，"大哭特哭"。1917年4月，长沙各界公葬黄兴、蔡锷，滔天不远万里，临穴送棺。当时正在湖南第一师范读书的毛泽东和萧三受到感动，联名求见滔天，称赞他"高谊贯于日月，精神动乎鬼神，此天下所希闻，古今所未有也"。4月1日，滔天到第一师范演讲，继续呼吁振兴亚洲。同年9月，孙中山在广州就任军政府大元帅，颁布讨伐段祺瑞令，命何天炯赴日，通过滔天争取财政援助。曾谋划开采广东汕头和安徽芜湖附近的铁矿和煤矿。此后的几年间，滔天及其夫人槌子一度热衷于联络革命党人邓恢宇等，投资矿业和米业。

1918—1921年，滔天为《上海日日新闻》撰写大量时评，抨击日本的军国主义与侵略扩张政策，主张日本应同各国发展相互平等的关系。他尖锐批评寺内正毅内阁的援助段祺瑞、压迫南方政府的外交政策。

1921年2月，孙中山授意何天炯邀请滔天访粤。3月12日，滔天与另一位支持中国革命的萱野长知在广州会见孙中山，孙中山仍然希望滔天代为向日本资本家借款。滔天返日后，积极进行，使孙中山无比感动，称滔天为"岁寒松柏"，"其人格尤苍健无匹"。次年12月6日，滔天因肾病和尿毒并发症逝世于日本东京，享年51岁。孙中山驰电："惊悉滔天同志去世，谨致哀悼之意！"1923年1月，孙中山领衔发起，在上海召开追悼大会，赞誉滔天为"日本之大改革家"，"对于吾国革命历史上，尤著有极伟大之功勋"。其骨灰分葬于故乡熊本县荒尾市与新潟县保仓村显圣寺。

宫崎滔天家藏中国革命人物的书简、手迹和实物。其中，属于孙中山与国民党系统的有孙中山、黄兴、宋教仁、胡汉民、朱执信、廖仲恺、张继、李烈钧、章太炎、何天炯、邓恢宇、陈去病等，后来成为中共领导人的有陈独秀、李大钊、毛泽东、吴玉章等，属于文化、艺术系统的有鲁迅、田汉等，总数约近百人，均弥足珍贵。1985年6月，我访问东京，曾由日本学者久保田文次、藤井昇三陪同，访问滔天旧居，蒙宫崎智雄、宫崎蕗苳夫妇热情接待，出示部分珍贵资料，并在孙中山手书的"推心置腹"四字匾额下合影，彼时情景，至今感念不忘。京都大学小野川秀美教授藏有何天炯、邓恢宇致滔天函复印件多份，我承该校狭间直树教授赐赠，又蒙宫崎夫妇惠允利用，陆续写成《何天炯与孙中山》《邓恢宇与宫崎夫妇》两篇论文。当时，颇以未窥全豹为憾。现在，滔天家藏的这些珍贵资料陆续全部出版，这是中日学界的大事、喜事，相信必将大为推动中国近代史和中日关系史的研究。

2016年8月写定于北京东城之书满为患斋

序作者为中国社会科学院荣誉学部委员、中央文史研究馆馆员、近代史研究所研究员、国家图书馆民国文献保护工程专家委员会顾问。

序三

久保田文次（日）

  宫崎滔天（1871—1922），本名虎藏，通称寅藏，出身于今熊本县荒尾市乡士（居住乡村的武士）兼大地主家庭。全家人皆仁慈厚爱，且具反潮流精神。长兄八郎曾参加明治维新及自由民权运动，追随西乡隆盛战死沙场。民藏继为长兄，因同情佃农开展"土地复权"运动将土地有偿转让给他们。次兄弥藏反对俄罗斯及欧美各国入侵亚洲，为保日本独立，明治维新后随即主张国力尚不完备的日本给予朝鲜、中国协助。因为朝鲜、中国均尚贫弱，两国若不经改革乃至革命，即无法与日本携手合作，也不足以抵抗欧美。弥藏为寻求主张改革的中国志士开始学习中文，并于1895年在横滨与孙文、陈少白相识，1896年不幸病故。滔天赞同弥藏联合亚洲的主张，于1897年9月自香港回国抵达横滨后径直前往中华街陈少白寓所，陈未在，仅一身材矮小的西洋式绅士在场，正是弥藏多方寻访的孙文本人。初识之孙文与滔天想象的伟岸、美髯、善"高谈壮语"的"东洋豪杰"形象相差甚远，故心存疑虑。孙文就中国现状与革命理想谆谆如处女般谈起，继而"挥洒如脱兔"。滔天为孙文的激情折服，且感意气相投，自此，终生成为中国革命的援助者。

  宫崎滔天投身孙文革命运动的同时，不断将孙文本人及革命运动的情况发表于报纸杂志。其最大功绩莫过于1902年于其自传《三十三年之梦》中系统介绍了孙文其人及思想活动，为世界首次。该书翌年经章士钊《孙逸仙》、金天翮《三十三年落花梦》抄译，为中国人民了解近代革命家孙文做出重大贡献。1905年经滔天斡旋，孙文与黄兴相识并共创中国同盟会，继而滔天与萱野长知共同创刊《革命评论》以声援中国革命。同时协助武器购买及资金筹集等具体事务，并积极向孙文等介绍日本政治家、外交官、军人、舆论人。其间与犬养毅及头山满也建立起密切关系。辛亥革命爆发时，滔天亲往上海支持孙文。之后亦不断给中国革命以支援，一贯对日本武断的对华政策加以批判。

  滔天身为"浪人"并无固定职业，唯一收入来自报纸杂志和"浪曲师"等的稿费。多亏妻槌子揽女红活贴补，方可维持家计。并不富裕、"勉强度日"中，不仅接待孙文、黄兴、宋教仁，还款待过许多当时尚无名气的年轻革命者们。槌子十分理解滔天的事业，每每亲自接待中国来客。长子继承家业是日本的家族原则,滔天的兄长民藏理解并支持弟弟对中国革命的付出,乐于与留宿滔天家的中国志士交流。槌子之姐前田卓子是日本著名作家夏目漱石小说《草枕》女主人公原型,因婚姻失败前往东京,在同盟会机关报《民报》社居住并工作,被爱称为"民报祖母"。槌子的弟弟前田九二四郎亦曾参加革命活动。

滔天长子宫崎龙介(1892—1971)毕业于东京帝国大学法学部,是"大正民主运动"领袖吉野作造的门生,理解中国"五四"运动,与陈独秀、李大钊有亲密交往。龙介曾一度接近蒋介石,对日本的侵略政策一贯持批判态度,第二次世界大战后为和平运动及日中友好运动做出贡献,并长期致力于宫崎家藏资料的保护与整理。龙介女儿蕗苳之夫宫崎智雄是早稻田大学教授,在有识者何子岚的协助下倾心整理、挖掘家藏资料,并在与何天炯后人交流中提供并公开资料。

黄兴1904年11月亡命日本时立即拜访滔天,在推动同盟会翌年成立的过程中与滔天交往密切。滔天爱慕黄兴的质朴,将黄兴之子黄一欧、黄一中、黄乃接来日本读书,两家交往。滔天东京居所的取得也得益于黄兴的帮助,双方"情谊"深厚。尽管滔天无比仰慕孙文,但对孙文某些独裁倾向持批判态度。特别是在中华革命党成立前后的孙黄对立中竭尽调停之力,之后对孙文一如既往地支持,对黄兴的同情也不加掩饰。此次全集的编辑出版,恰将印证滔天与黄兴一家的亲密关系。

滔天与孙文、黄兴的友谊世人皆知,但最得滔天一家关照过的是宋教仁。宋教仁日记《我之历史》已成为记录宋本人及孙、黄等人活动的重要史料。谨此引用一段宋日记中描绘滔天一家接待中国人的段落。宋教仁于1905年7月19日与程家柽(润生)一同初次拜访宫崎家,记为"既抵滔天君家、则滔天已外出、惟其夫人在、速客人、属待之、余等遂坐。良久、一伟丈夫、美髯椎髻、自外昂然入、视之则滔天君也、遂起与行礼。润生则为余表来意、讫、复坐。滔天君乃言孙逸仙君不日将来日本、来时余当为介绍君等云云。又言君等生于支那、有好机会、有好舞台、君等须好为之、余日本不敢望其肩背、余深恨余之为日本人也"。滔天对得遇机会、舞台的中国革命家的羡慕之情可见一斑。之后,滔天参与协商黄兴及华兴会与孙文的合并,正是由于滔天的斡旋,事态快速进展,至8月20日中国同盟会成立大会召开。

同年9月17日宋教仁与张步青等友人共同拜访宫崎家,日记为"既至、坐良久、滔天出酒肴共啖之、余举杯连饮、少焉稍有醉意、乃放声唱湖南之新剧、滔天亦击节而歌、步青亦作鄂调、举坐殆若狂。良久、滔天之夫人内田氏(应为前田氏)亦出而举酒属客、余一饮而尽者数杯。又移时、余乃醉矣、呕吐满地、颓然横卧、迨至戌初、步青乃呼醒余、乃共辞归",主客相融的气氛溢于言表。如此场景宋教仁日记多有记录,如实描绘了滔天一家对中国青年革命者们的热情接待。

宋教仁曾从事《民报》工作,与前田卓子同事。宋患有神经性疾病,卓子非常关心其健康,帮助宋治疗坐骨神经痛,宋自田端脑病院出院后,卓子建议宋去其九州娘家疗养。最终,经黄兴建议暂住新宿滔天家静养。宋教仁记有1906年10月5日下午4时到达宫崎家时的情景,"宫崎之夫人即为余扫除房间、少时余之行李亦运、遂搬入焉。其房在其家屋深处、有窗临街、颇可居也。宫崎氏有子二人、长名龙(龙介)、次名震(震作)、女一名节(节子)、夫人前田氏和坦可亲、其家庭之乐甚足羡"。宋教仁在宫崎家养病期间迎来《民报》创刊一周年大会,1907年元旦与滔天、萱野长知等对酒迎新,1月7日为代理即将远赴越南的黄兴的同盟会庶务干事一职搬入黄兴租住居所。如此打扰过宫崎一家的宋教仁直接史料,在宫崎家史料中却所见不多。不过宋教仁、何天炯、张继与盛装的前田卓子、福田内子（《民报》职员，滔天同乡）的合影照片"民报社的人们"可见。据宋教仁日记，1906年3月1日何天炯、前田等聚会为即将赴中国东北的张继饯行，2日特前往照相馆合影留念。宋教仁直接史料虽然不多，但宋日记却记录宋教仁本身和同盟会动态的同时，还如实记录了滔天一家对中国革命者、留学生的热情接待，是珍贵史料。

为张继饯行并参加合影留念的何天炯也是频繁到访宫崎家的中国人之一，他致滔天信函逾百封。宫崎家藏滔天收讫信函中，包括日本人在内，来自何天炯的堪称最多。如杨天石、狭间直树所说，何天炯有着敢于向孙文谏言的骨气，宫崎家藏数十位同志题跋签名的大幅横轴，正是为何天炯书法"文章有神交有道……"所题。何天炯书简预计由李长莉编辑出版为《何天炯集》，百余封信函的分析对孙文研究、辛亥革命研究具有重要意义。

宫崎家不仅藏有上述孙文、黄兴、宋教仁、何天炯资料，还藏有其他众多中国革命运动领导人、参与者的信函、随笔、书画、照片、名片等大量史料。以往出版过的《孙中山全集》《国父全集》《黄兴集》《黄克强先生全集》等不曾收录的资料此次亦有相当补充。宫崎家史料或多或少涉及的主要人物除上述人物还有以下诸位，恕不分排名先后：孙科、宋庆龄、陈少白、赵声、章炳麟、蔡元培、汪兆铭、胡汉民、陈其美、李烈钧、柏文蔚、谭延闿、孙毓筠、许崇智、朱执信、廖仲恺、何香凝、戴季陶、于右任、黄复生、章士钊、蒋介石、陈诚、谢持、吴玉章、董必武、熊克武、但懋辛、邓铿、胡毅生、景梅九、林义顺、韩恢、凌钺、白逾桓、邓恢宇、陈家鼐、何树龄，以及毛泽东青年时期致滔天信函。与龙介相关史料涉及鲁迅、陈独秀、李大钊、周恩来、廖承志、田汉、康白情，等等。中国近代史上熠熠生辉的人物在宫崎家藏史料中如星罗棋布。仅一个家族所藏涉及如此众多历史人物，在泱泱中国也不多见。

这些历史人物都是身后扬名，滔天一家招待时都还是无名且前途无从预测的青年，无论是蒋介石还是毛泽东。我只有无比钦佩滔天一家对这些无名青年的期待乃至招待。能为世界留下如此大量的重要且珍贵的史料无不源自那些日常招待。还应该说，正是有了滔天与槌子、龙介与白莲、智雄与蕗苳、黄石与博子历代继承者的精心保管、整理，才使得本资料全集的出版成为可能。

我本人原本不是孙文研究者，多年协助刘大年先生等中国学者访问宫崎家之余，通过宫崎智雄先生将发现龙介与宋庆龄往来信函告知久保田博子事，对滔天自身产生浓厚关注，并开始协助中国宋庆龄基金会整理资料。可以说每次拜访宫崎家都有令我激动的新发现。值此基金会的资料整理告一段落，开始出版八册全集之际，唯有无限感慨。衷心感谢宫崎一家及中国宋庆龄基金会给予我们夫妇如此巨大的学习机会。

2016年9月

序作者为日本女子大学名誉教授。

目　录

1. 黄兴致宫崎滔天函（1910年2月4日） /1
2. 黄兴致宫崎槌子函（1911年11月3日） /3
3. 黄兴致黄一中函（1913年1月2日） /5
4. 黄兴致宫崎滔天函（1913年11月12日） /7
5. 黄兴致宫崎滔天函（1913年11月19日） /9
6. 黄兴致宫崎槌子函（1913年12月27日） /11
7. 黄兴致宫崎滔天函（1914年2月22日） /13
8. 黄兴致宫崎滔天函（1914年2月27日） /15
9. 黄兴致宫崎滔天函（1914年4月19日） /17
10. 黄兴致宫崎滔天函（1914年5月6日） /19
11. 黄兴致宫崎滔天函（1914年5月15日） /21
12. 黄兴致宫崎滔天函（1914年5月21日） /23
13. 黄兴致宫崎滔天函（1914年6月11日） /27
14. 黄兴致宫崎滔天函（1914年6月13日） /29
15. 黄兴致宫崎滔天函（1914年6月28日） /31
16. 黄兴致宫崎滔天明信片（1914年7月18日） /33
17. 黄兴致尾崎行藏函（1914年7月27日） /35
18. 黄兴致宫崎滔天明信片（1914年8月24日） /37

19. 黄兴致宫崎滔天明信片（1914年9月16日） /39

20. 黄兴致宫崎滔天函（1914年11月10日） /41

21. 黄兴致宫崎滔天函（1914年12月11日） /43

22. 黄兴致宫崎滔天函（□年□月15日） /45

23. 黄兴致宫崎滔天函（□年□月25日） /47

24. 黄一欧致宫崎滔天函（1914年3月5日） /49

25. 黄一欧致宫崎滔天函（1916年10月13日） /51

26. 贺寅致宫崎龙介转黄一中函（1917年2月6日） /53

27. 宫崎滔天访长沙明德学校记抄件（1917年4月1日） /55

28. 黄振华致黄一中函（1917年5月4日） /57

29. 黄一中致宫崎滔天函（1917年8月3日） /59

30. 黄一欧致黄一中函（1917年8月19日） /61

31. 黄一欧致宫崎滔天函（1917年8月19日） /63

32. 黄一欧致宫崎滔天函（1917年） /65

33. 黄一欧致宫崎滔天函（1918年□月24日） /67

34. 黄一欧致宫崎滔天函（1918年9月23日） /69

35. 黄振华致黄一中函（1919年12月29日） /71

36. 黄一欧致宫崎滔天函（1920年10月2日） /73

37. 黄一欧致黄一中函（1920年10月2日） /75

38. 黄一欧致宫崎滔天函（1920年10月16日） /77

39. 黄一欧致宫崎滔天函（1920年10月25日） /79

40. 黄一欧致宫崎滔天函（1920年12月8日） /83

41. 黄一欧致宫崎滔天函（1920年□月30日） /85

42. 黄一欧致宫崎滔天函（1921年6月5日） /89

43. 黄一中致宫崎滔天夫人函（1929年） /91

44. 黄一寰致宫崎绫野函（1937年8月12日） /93

45. 黄一欧致宫崎滔天函（□年12月26日） /95

46. 黄宅治丧办事处致宫崎龙介函（1916年11月） /97

47. 黄宅治丧办事处致宫崎滔天函（1916年12月6日） /99

48. 黄宅治丧办事处致宫崎槌子函（1916年12月7日） /101

49. 黄宅治丧办事处致宫崎滔天函（1916年12月12日） /103

50. 黄宅治丧办事处致宫崎滔天函（1916年12月16日） /105

51. 黄宅治丧办事处致宫崎滔天函（1916年12月18日） /107

52. 黄宅治丧办事处致宫崎滔天函（1916年12月） /109

53. 黄公营葬事务所呈宫崎滔天挽联抄件（1916年12月） /113

54. 萧植蕃、毛泽东致宫崎滔天信函（1917年） /117

黄兴（1874—1916）

　　湖南善化（今长沙县）人。原名轸，字克强。1903年在长沙组织华兴会，任会长。1905年在日本参与创立中国同盟会。1907年起，先后参与或领导了钦廉防城起义、镇南关起义、钦廉上思起义、云南河口起义和广州新军起义。1911年发动了黄花岗起义。同年10月武昌起义爆发后，他由香港赶赴武汉，被推为革命军战时总司令，指挥汉口、汉阳之战。1912年1月任中华民国临时政府陆军总长兼参谋总长。1913年参与孙中山发动的讨袁战争，任江苏讨袁军总司令，失败后流亡日本。次年赴美国。1916年7月回国，不久病卒。1917年葬于湖南长沙岳麓山。

滔天先生閣下：弟擬一月廿三日由東京啟程，廿九日抵香港，惟卒中未瞭南昌告玉败、然革命軍不日大起，人材缺乏，急速招集步砲工佐尉官多名前來助援不可。

勝感禱其旅費玉時當電寄三千元，中山或由橫濱匯過，此刻末可知，來時望密為探知，以便東京方面事就商妥，帖廿佐尉官列火車催廿工道玉要。

即請
使安 弟 黃興
四二月四号

再者此覺一歐請飭偕定平長等同來
外電碼一冊如用時即並帶

黃興致宮崎滔天函（1910年2月4日）

宫崎滔天家藏民国人物书札手迹（第二卷）

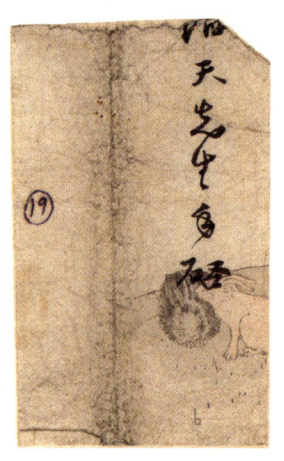

释读

滔天先生阁下：

　　弟于一月廿三日由东京起程，廿九日抵香港。仓卒中未暇函告，至歉至歉。兹者革命军不日大起，人材缺乏，乞速召集步砲工佐尉官多名前来助援，不胜感祷。其旅费，至时当电寄二千元。中山或由横滨经过亦未可知。来时望密为探知，以便东京方面事就商妥帖。其佐尉官则必先期火速催其上道，至要至要。匆匆 即请

侠安

　　　　　　　　　　　　　　　　　　　　　　　弟黄兴顿首
　　　　　　　　　　　　　　　　　　　　　　　　西二月四日

再者，小儿一欧请饬偕定平君等同来。

外，电码一册，如用时即照发。

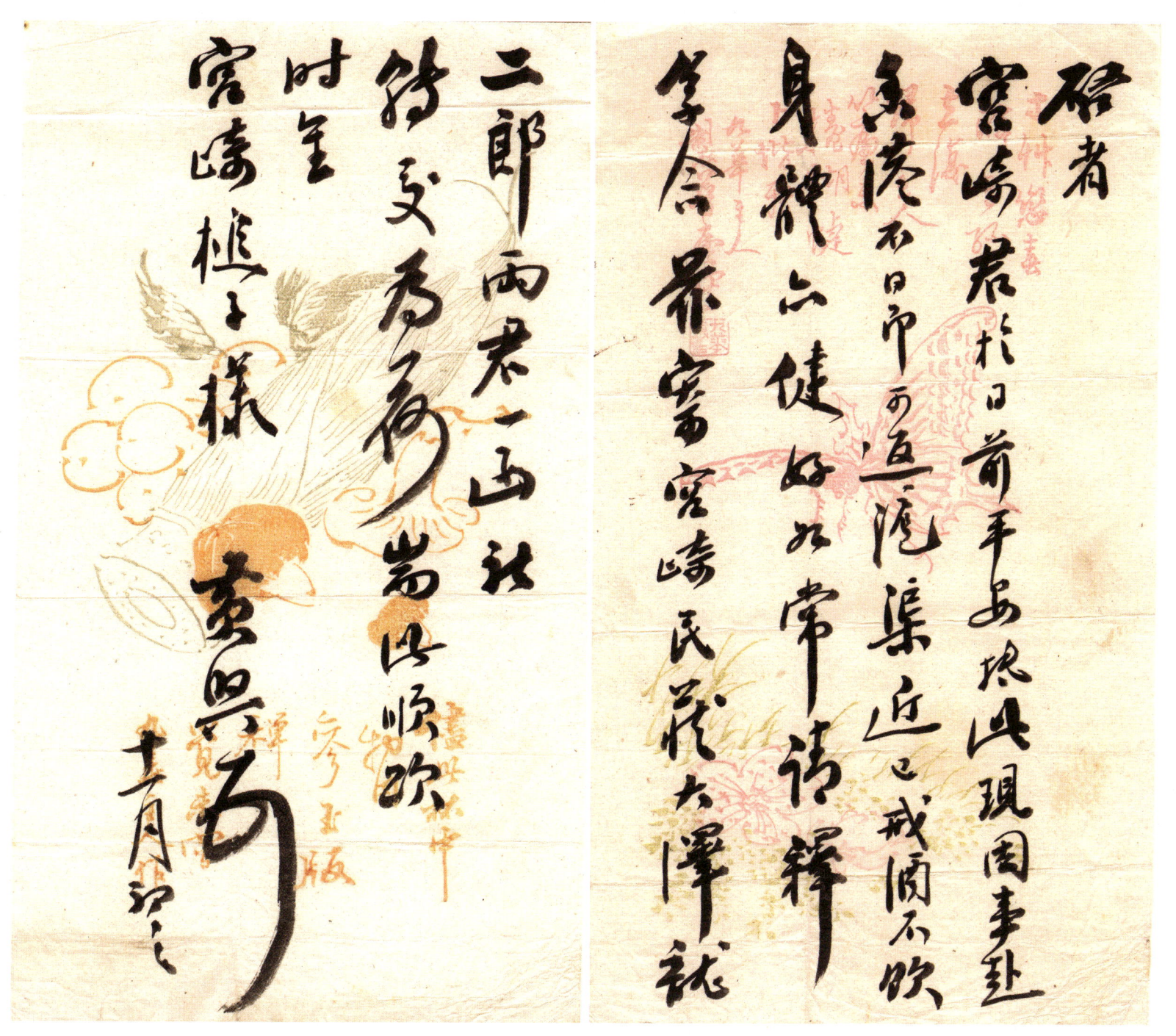

黄兴致宫崎槌子函（1911年11月13日）

释读

启者：

　　宫崎君于日前平安抵此。现因事赴香港，不日即可返沪。渠近已戒酒不饮，身体亦健好如常，请释厚念。兹寄宫崎民藏、大泽龙二郎两君一函，请转交为荷。耑此 顺颂

时全

宫崎槌子様

　　　　　　　　　　　　　　　　　　　　黄兴顿首

　　　　　　　　　　　　　　　　　　　　十一月初三

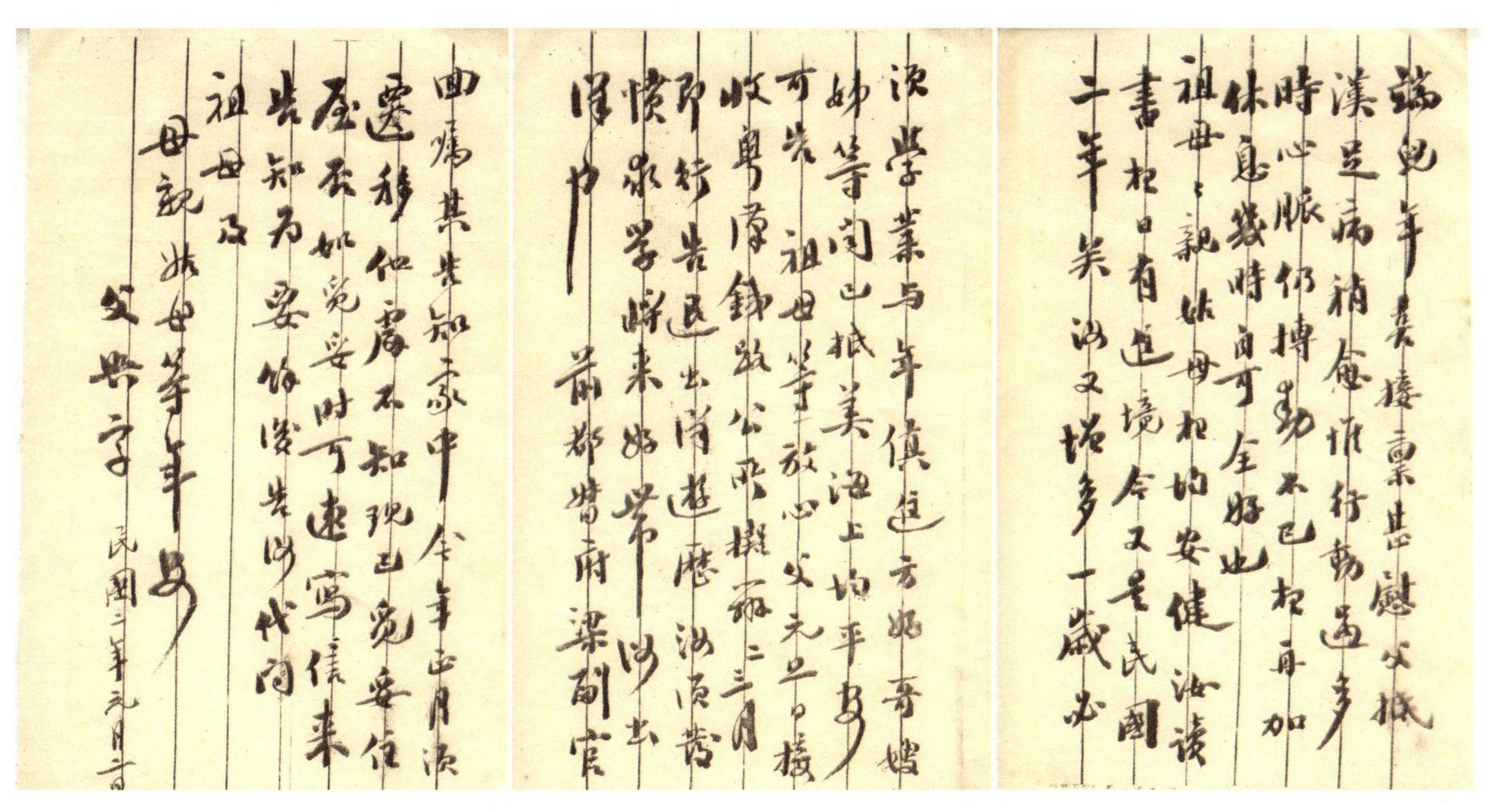

黄兴致黄一中函（1913年1月2日）
（此为复制件，原件存于中国湖南省博物馆）

释读

端儿：

年喜。接禀甚慰。

父抵汉，足病稍愈。惟行动过多时，心脉仍搏动不已，想再加休息几时，自可全好也。

祖母、母亲、姑母想均安健。汝读书想日有进境。今又是民国二年矣，汝又增多一岁，必须学业与年俱进方好。哥嫂姊等闻已抵美，海上均平安，可告祖母等放心。

父元旦日接收粤汉铁路公所，拟办二三月即行告退，出洋游历。汝须发愤求学，将来好带汝出洋也。

前都督府梁副官回，嘱其告知家中，今年正月须迁移他处。不知现已觅妥住屋否？如觅妥时可速写信来告知为要。

余后告汝。代问

祖母及母亲、姑母等年安

父兴字

民国二年元月二日

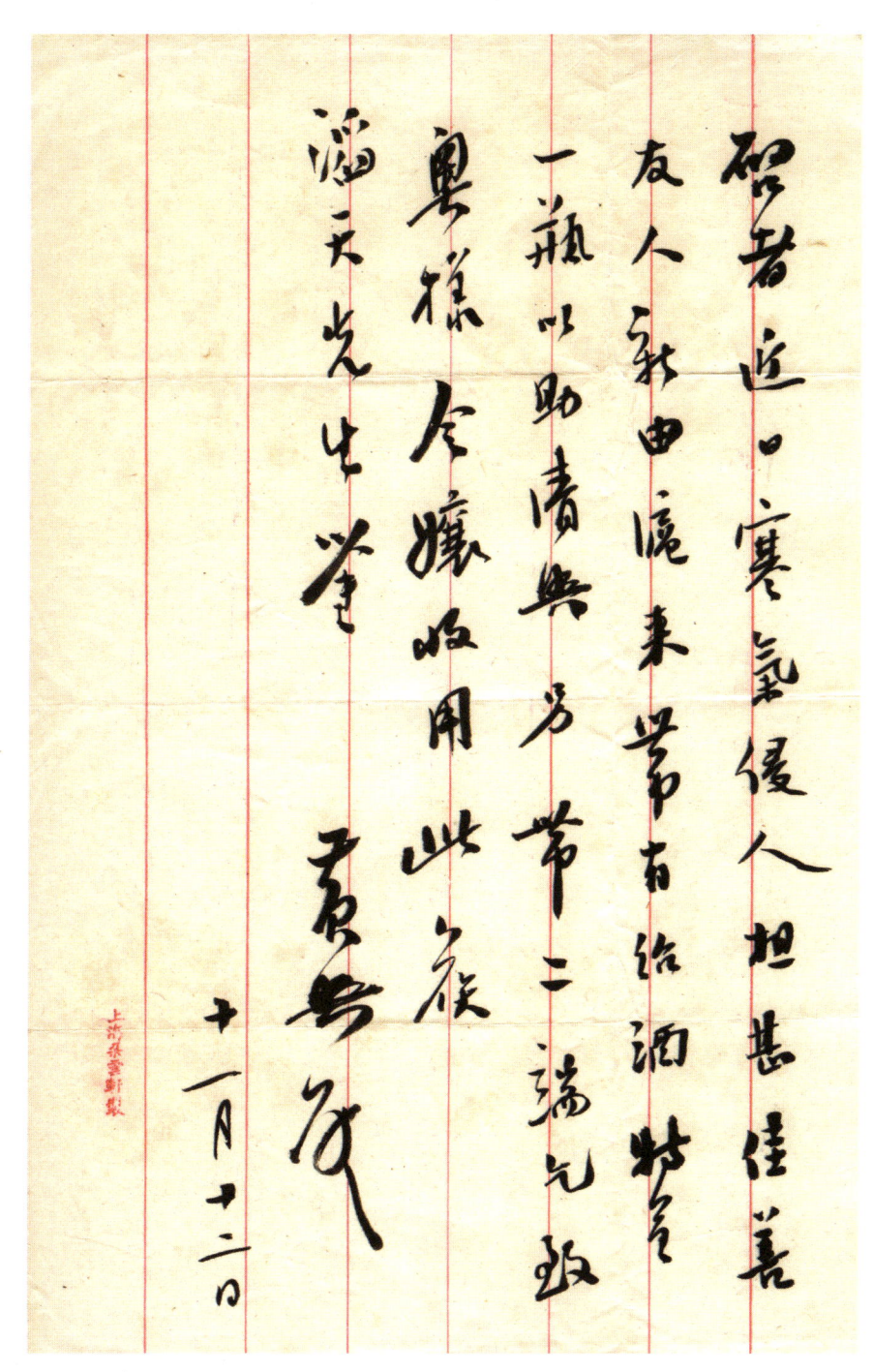

黄兴致宫崎滔天函（1913年11月12日）

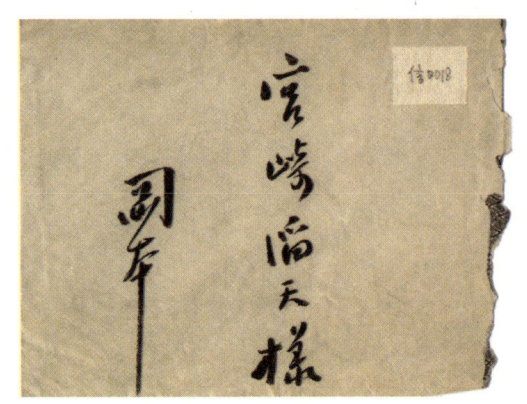

释读

启者：

  近日寒气侵人，想甚佳善。友人新由沪来，带有绍酒，特呈一瓶，以助清兴。另带二端，乞致奥樣、令嫒收用。
此候
滔天先生鉴

黄兴启
十一月十二日

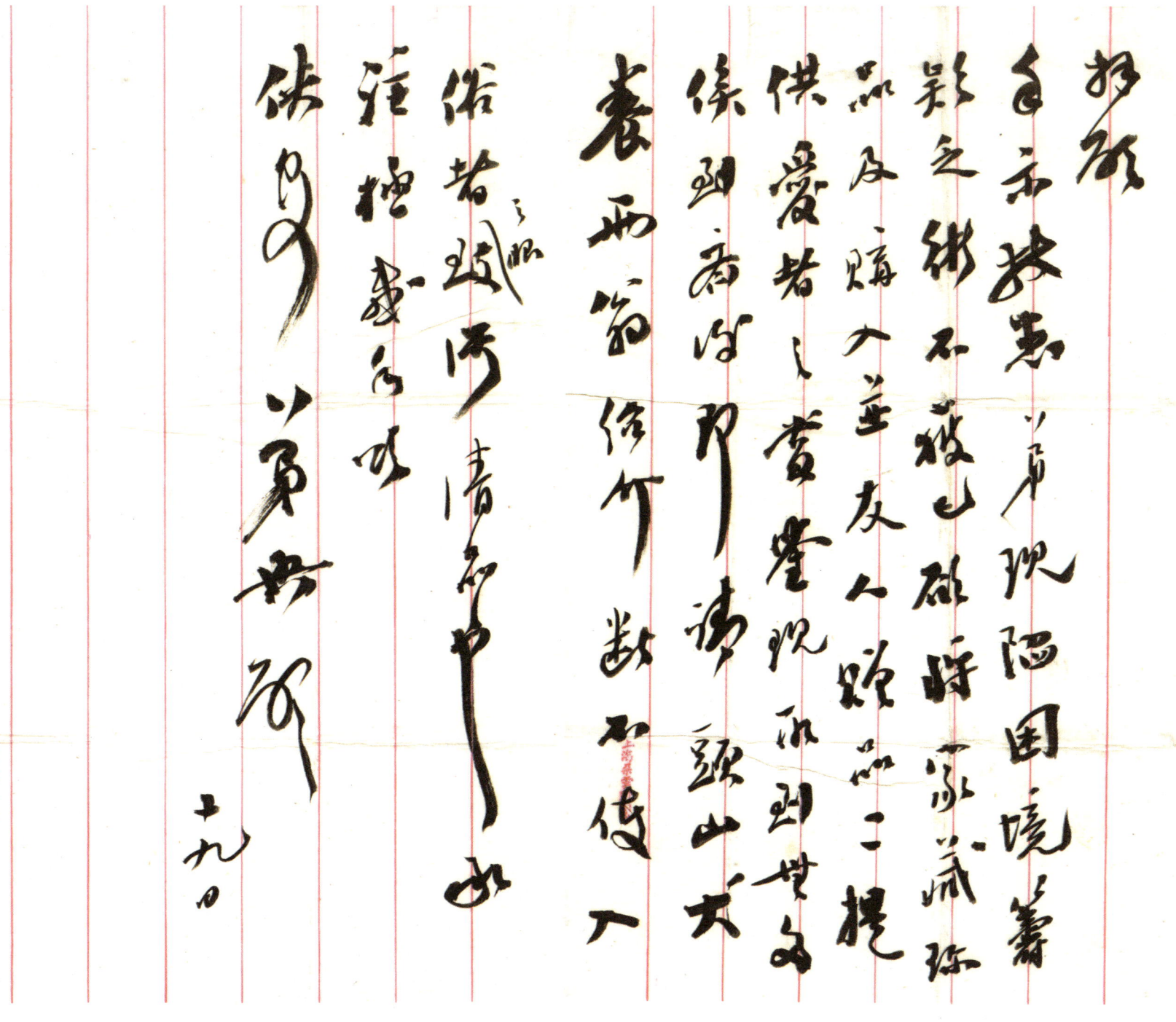

黄兴致宫崎滔天函（1913年11月19日）

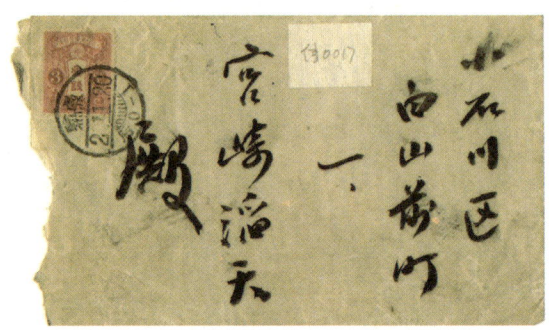

释读

拜启：

　　手示敬悉。

　　弟现陷困境，筹款乏术。不获已，欲将家藏珍品及购入并友人赠品，一一提供爱者之赏鉴。现取到无多。俟到齐后，即请头山、犬养两翁绍介，断不使入俗者之眼致污清品也。承注极感。即颂

侠安

弟兴启
十九日

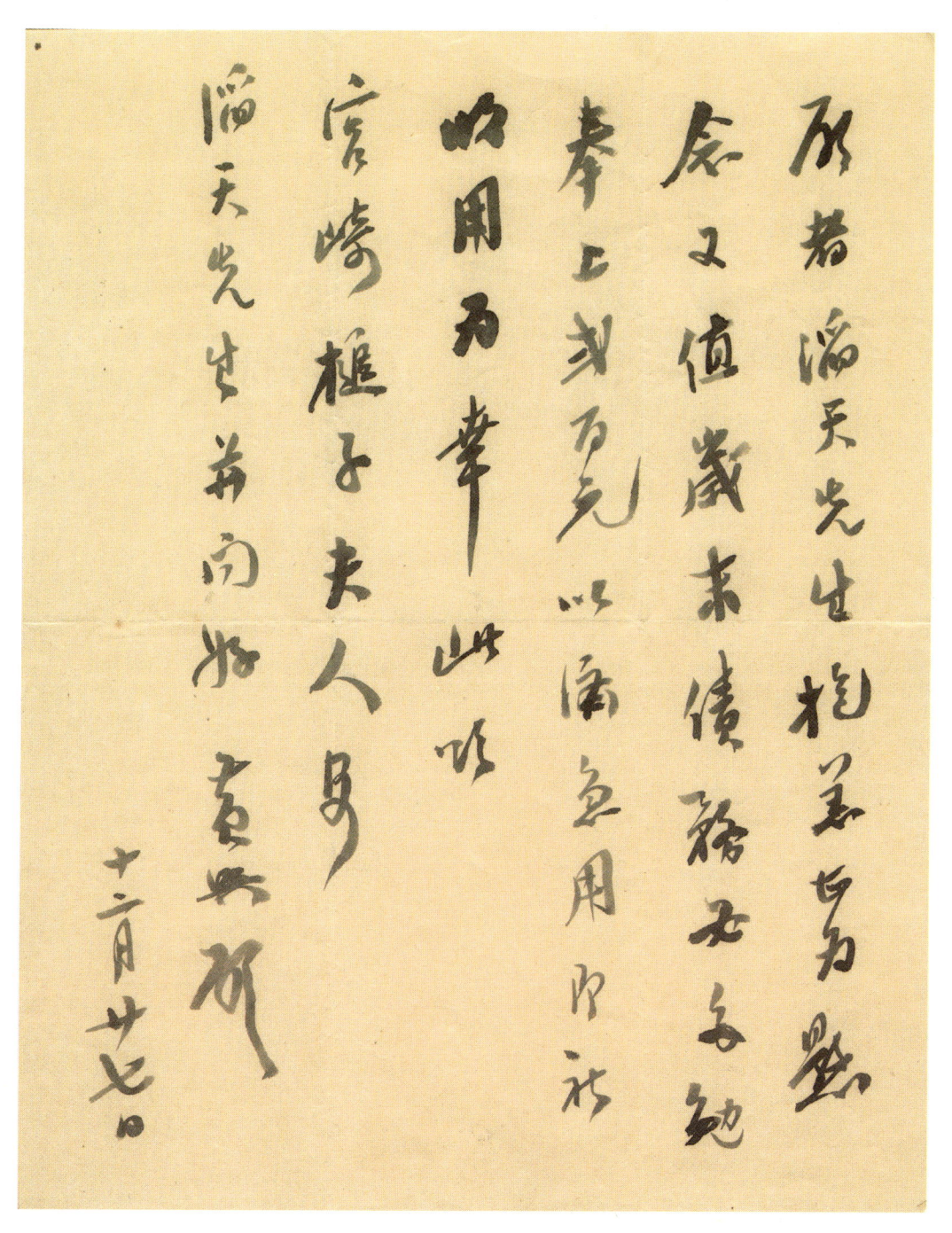

黄兴致宫崎槌子函（1913年12月27日）

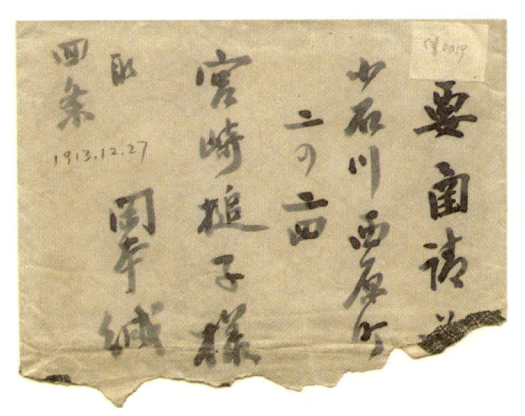

释读

启者：

　　滔天先生抱恙，甚为悬念。又值岁末，债务必多。勉奉上贰百元，以济急用，即祈收用为幸。

此颂

宫崎槌子夫人安

滔天先生并问好

　　　　　　　　　　　　　　　　　　　　黄兴启

　　　　　　　　　　　　　　　　　　　　十二月二十七日

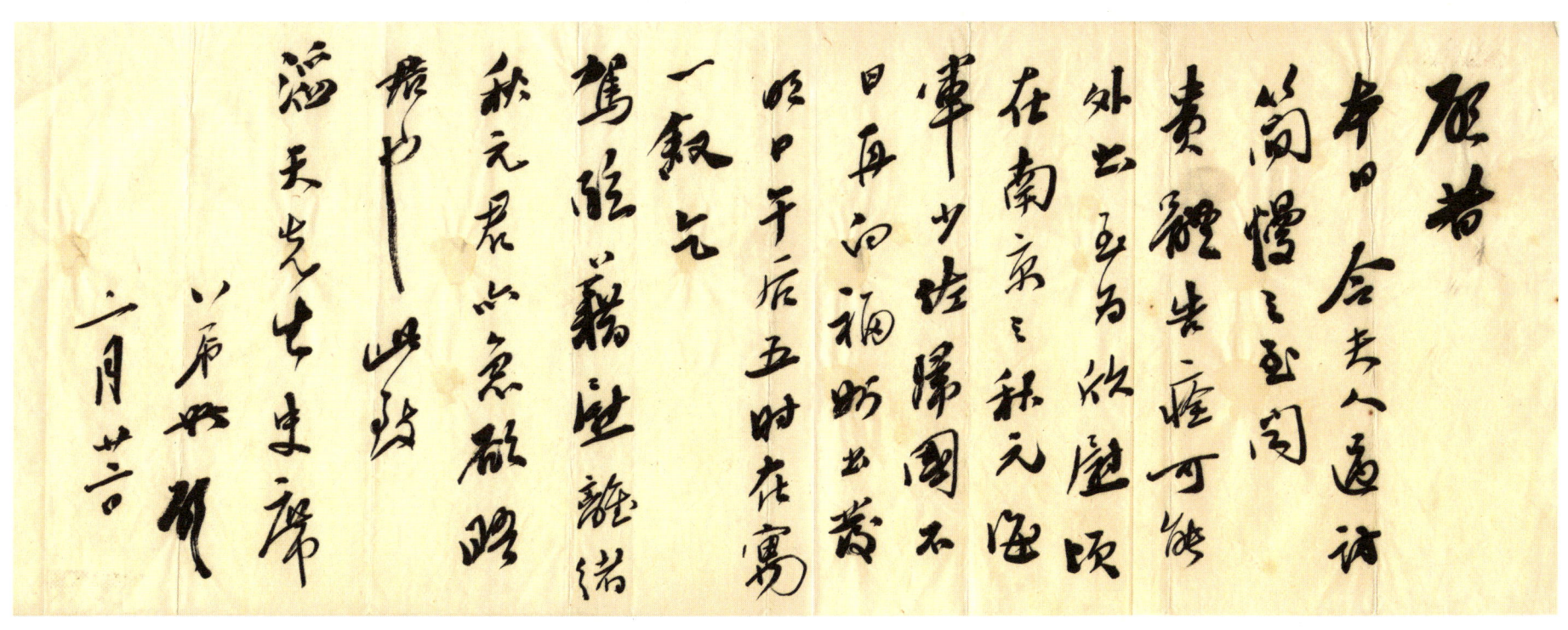

黄兴致宫崎滔天函（1914年2月22日）

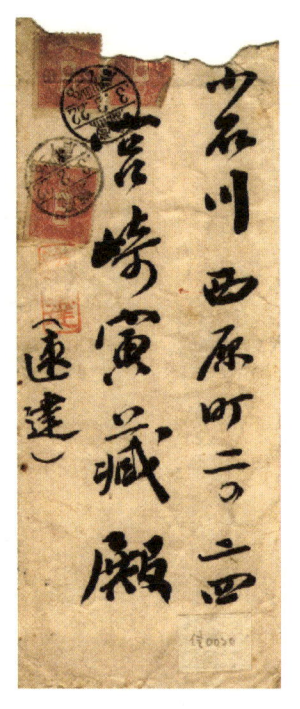 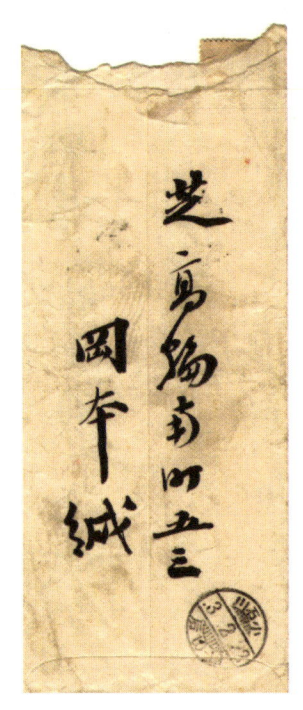

释读

启者：

　　本日令夫人过访，简慢之至。闻贵体告痊可，能外出，至为欣慰。

　　顷在南京之秋元海军少佐归国，不日再向福州出发。明日午后五时在寓一叙，乞驾临，藉慰离绪。秋元君亦急欲晤君也。此致
滔天先生史席

　　　　　　　　　　　　　　　　　　　　　　　　弟兴启

　　　　　　　　　　　　　　　　　　　　　　　　二月二十二日

黄兴致宫崎滔天函（1914年2月27日）

 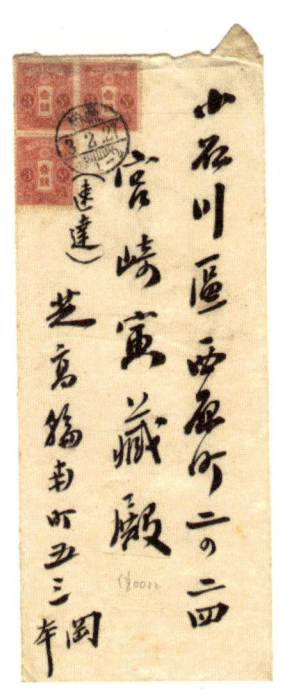

释读

拜启：

　　忆前，兄言有资本有志家欲投资于支那矿业，一时不得实业者，故骤无以应。今有同志某君，最得社会信，兹处袁氏暴政之下，恐其破坏其事业，欲得贵国资本家投少数之资。（约十万即可，多亦好。）俾明行其所志，昨已携有契据来此。（一锑矿、一锡矿，皆大希望者。）请即访前途。如可行，当为绍介。但此事某君请秘为之，不欲宣布致惹起意外之阻力。如何？盼复　此致

滔天先生阁下

　　　　　　　　　　　　　　　　　　　　　　　　黄兴启

　　　　　　　　　　　　　　　　　　　　　　　　二十七日

阅后付火

敬启者 昨得沪上来信 一郎君不俟归因即赴芝有学本月中旬当可踏尘 夫人之梦竟已中美西中国迷信家言，言梦境皆是反言, 兹 嘱阮君到昌复也以必女是地耐 注此报奶中饮 仪日平兴展 隔天先生阁下 令夫人均此 四月十九日

黄兴致宫崎滔天函（1914年4月19日）

宫崎滔天家藏民国人物书札手迹（第二卷）

 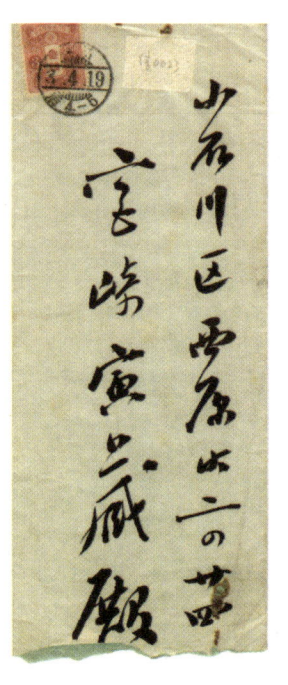

释读

启者：

昨得沪上来信，一欧暂不能归，因兴亚有孕，本月中旬当可临产。夫人之梦竟已中矣。照中国迷信家言，梦境皆是反意，若难产则是易产，想亦必如是也。承注，特报知。即颂

俪安

弟兴启

四月十九日

滔天先生阁下

令夫人均此

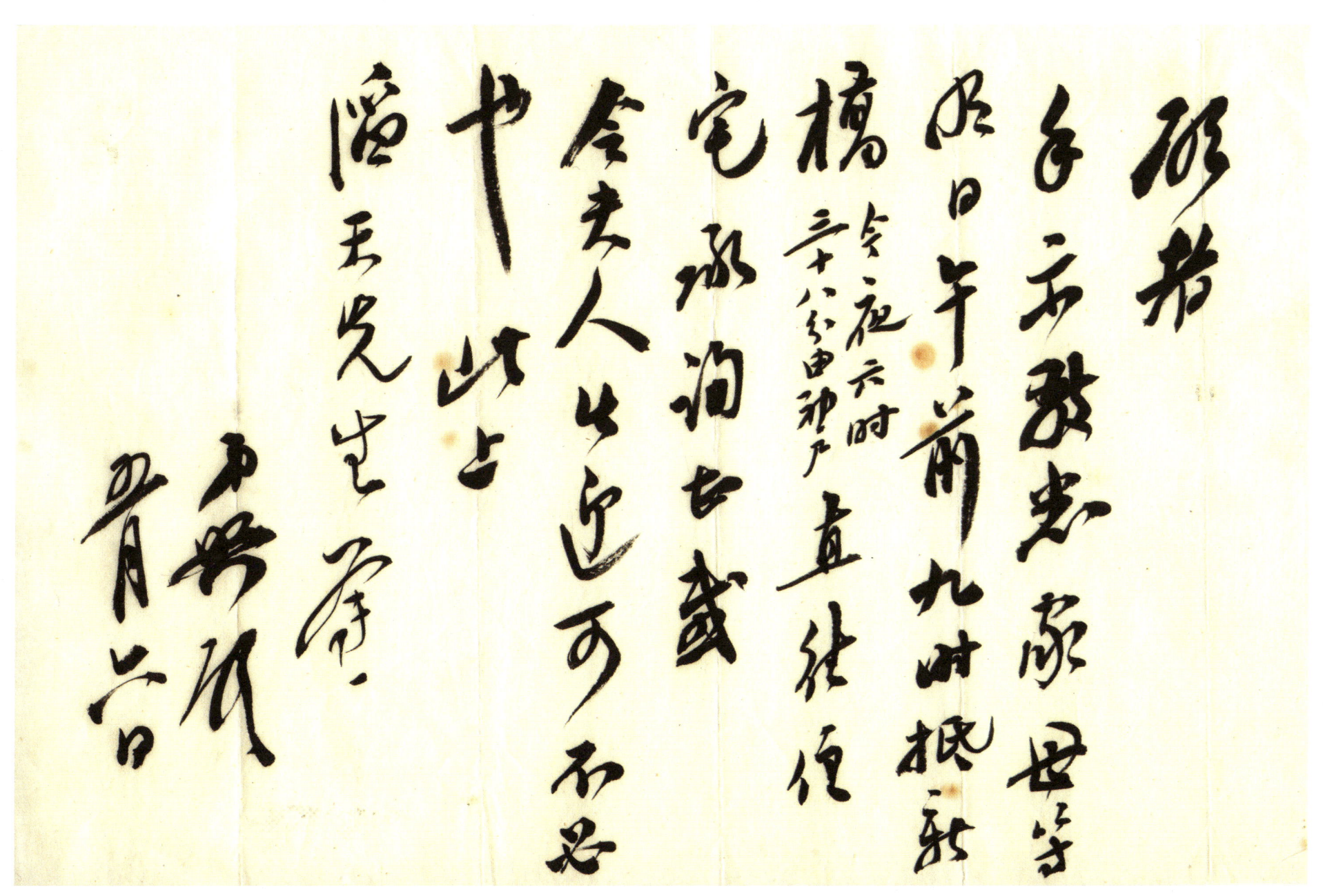

黄兴致宫崎滔天函（1914年5月6日）

宫崎滔天家藏民国人物书札手迹（第二卷）

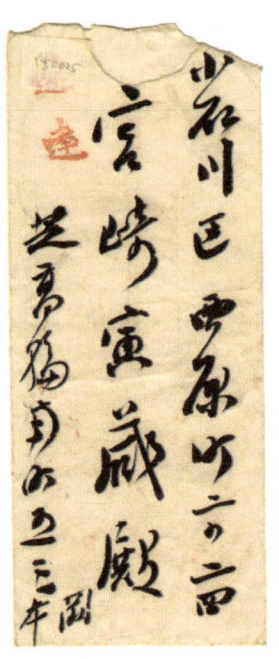

释读

启者：

　　手示敬悉。

　　家母等明日午前九时抵新桥，（今夜六时三十八分由神户）直往住宅。承询，甚感。令夫人出迎，可不必也。此上

滔天先生鉴

弟兴启

五月六日

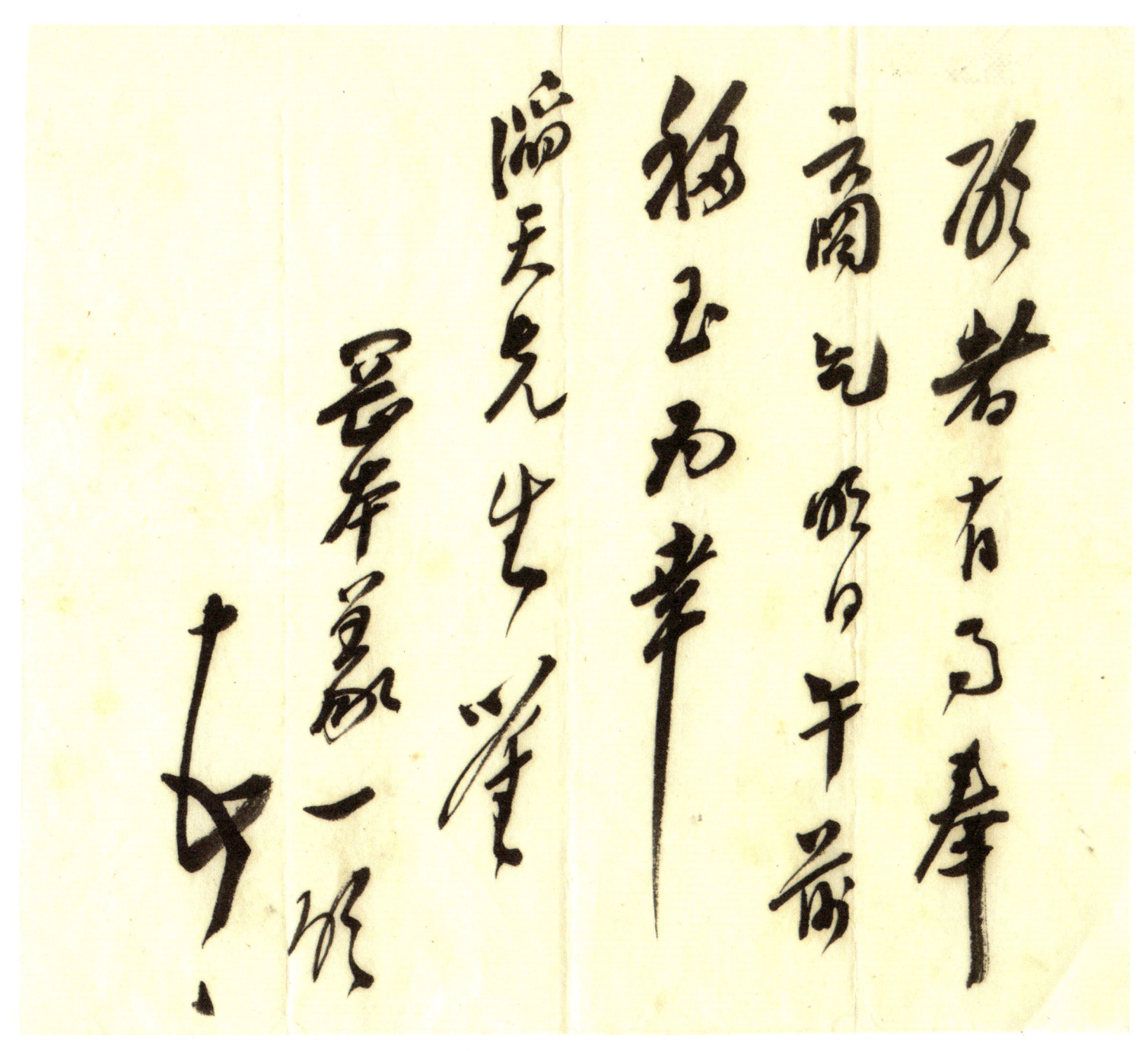

黄兴致宫崎滔天函（1914年5月15日）

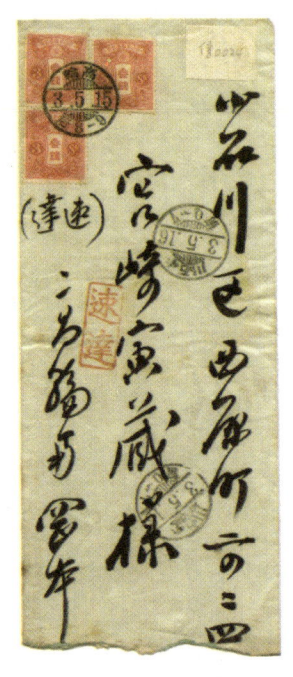

释读

启者：

　　有事奉商，乞明日午前移玉为幸。

滔天先生鉴

　　　　冈本义一　启

　　　　　　十五日

滔天先生左右：正少時期后在五六年年青前兹以為經用計不致以致造教向五六年波勞可将原債經此則此五六年中而費租金方是一條約之舊債代償所遺之債頭回此四千餘元而抚吳日神庵而世惯若教向恪之慶百贤之知宾之處向此二世出俊送数向此二世出尔顶予密贷出陈偿筹债及旅费外雅舊債及旅费外除偿卻之於此以为著合此等知注着必貸此也以知外間知有一番攻擎以不以此以第品岁迨客在普照面房租五乡项六七十元之譜於約計月費不及世元之谓长輕庭一年同志中如做粗核草在势不以救久居此若六必自為竹那怀姑自沈向出故友楊君篤生陈死獐遺其孫三十磅遠異為礦內辛忍出燕虞之好亦不以未實别名及用於此人仁畫意遊晚不欲做為浩使赘漫游世界一周以盖辟餐歌以積极存致故举支邓政滂費揮斥所素抱之平等自由之主義以与廣賦人道者戰不體執不為同志局廰自信兰敢以先兄若初纪罪郑有用待时来方浩中志者黄興 五月廿一

黄兴致宫崎滔天函（1914年5月21日）

歐兄大鑒：

頃奉諫菓名在今日上午海外同志交通部以家弟在何以贊成中山之舉動以是相近不但弟不歐亲寄且如弟之弟所不祝其手啟之卑為此近日造謠傾軋之機已雲散矣不願向故出樓上前議就此房屋為弟為此一陳之吾弟以事為革命以來久不知有家九年相交咗時所目睹吷之弟恐心而不願此寶以弟着去湘前清政府不甘沾意又有各時相與濟景以第得一身奔走國事毫無憂得及第二次革命計表了起潭組會君將送弟着出處其時適中得立取肖及勞苦者一來必遠血肉此家世食如黃每月須百四五十元方可度通又年收六十身歡务病左處蝕展氣疲此俟費廉歲餓而及人留弱一併来書國就学通計人口在十口內外租前商之此破在帝外租一稻一政無虞旅華三覺在美学費取消而於久一房屋相合且房租口真及小说就学之後

释读

启者：

　　承示，惭悚莫名。在今日亡命海外，何以家为？同志交谪，亦所甘受。然以弟不赞成中山之举动，以是相迫，不但非弟所乐闻，且正为弟所鄙视其手段之卑劣也。近日造谣倾轧之机已露，颇不愿白于大雅之前，谨就此房屋事，再为兄一陈之。

　　弟从事革命来，久不知有家，九年相交，皆所目睹。非弟忍心而不顾也，实以弟眷在湘，前清政府不甚注意，又有各亲友时相接济，是以弟得一身奔走国事，毫无罣碍。及第二次革命讨袁事起，谭组盦君特送弟眷赴沪。其时适湘中独立取消，恐反对者一来必遭鱼肉也。家母年将六十，身体多病，在沪暂居（近侦者屡窥，断不可久居），气候颇不相合。且房租日食甚贵，每月须百四五十元方可度过。又一欧、兴亚、振华三儿在美学费取消，不能久留，欲一并来贵国就学，通计人口在十口内外。故前商之兄，欲在市外租一稍廉之屋，以为家母养息及小儿就学之便，至少时期约在五、六年。当时兄以为经济计，不如新造数间，五、六年后尚可将原价售出，则此五、六年中所费租金甚少，是一俭约之一法。后得旧友之屋数间，（地租不过六元六十钱）惟不敷住，不得不增造数间，此亦无甚秘密之处，可质之天日神鬼而无愧者。至其代价，所造之价不过四千余元。前承头山翁及兄绍介将字画售出，除偿旧债及旅费外，欲取之于此，更无庸讳饰者也。此等办法，弟当时亦明知外间必有一番攻击。然为经济计，弟亦不得不出此。以弟眷人口过多，在普通房租至少月须六七十元之谱。（且不敷住）兹约计月费不及卅元，是较廉一半。同志中如能精核算，在势不得不久居此者，亦必自为计。即愤世自沉（在英伦海自沉）如故友杨君笃生，临死犹遗其母三十镑金钱。（遗弟百镑，后卒未寄到，为他友用去）此天性人情，非此不能成人。分羹之说，既不忍出；燕居之好，亦不敢为。从此誓漫游世界一周，以益我智识，愿以积极手段改革支那政治，发挥我所素抱之平等自由主义，以与蟊贼人道者战。不偏执、不苟同，此弟所自信并敢以告兄者。知我罪我，用待将来。手此。即请

大安

滔天先生史席

弟兴启

五月二十一日

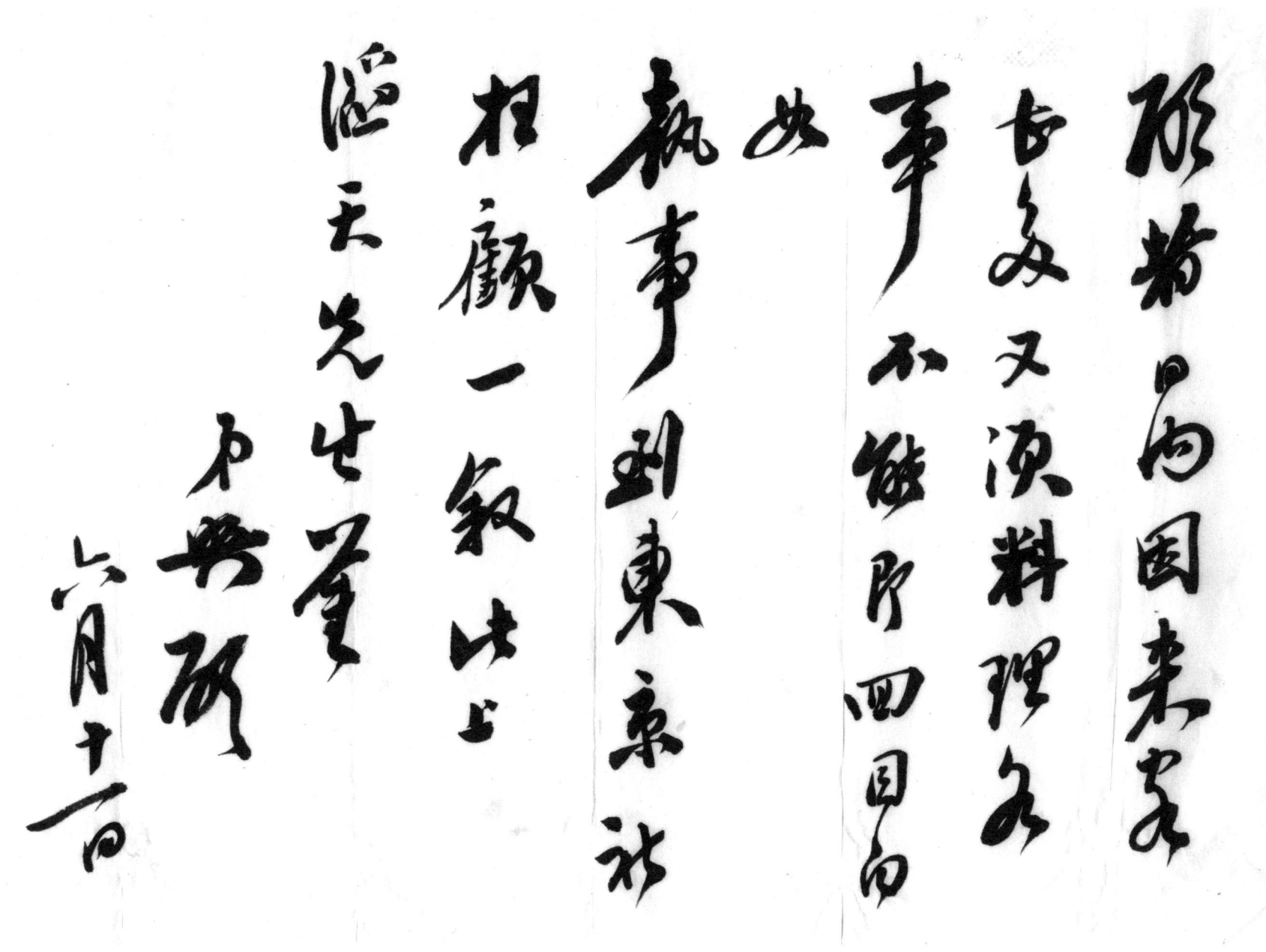

黄兴致宫崎滔天函（1914年6月11日）

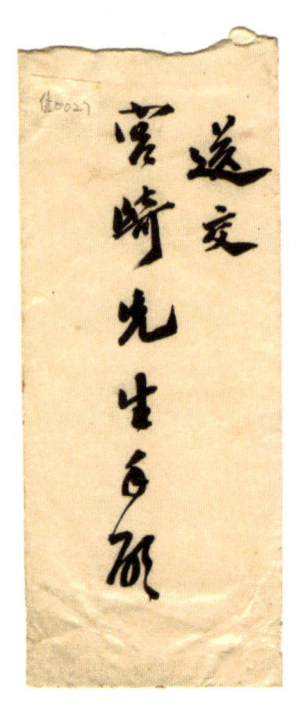

释读

启者：

　　日内因来客甚多，又须料理各事，不能即回目白。如执事到东京，祈枉顾一叙。此上

滔天先生鉴

弟兴启

六月十一日

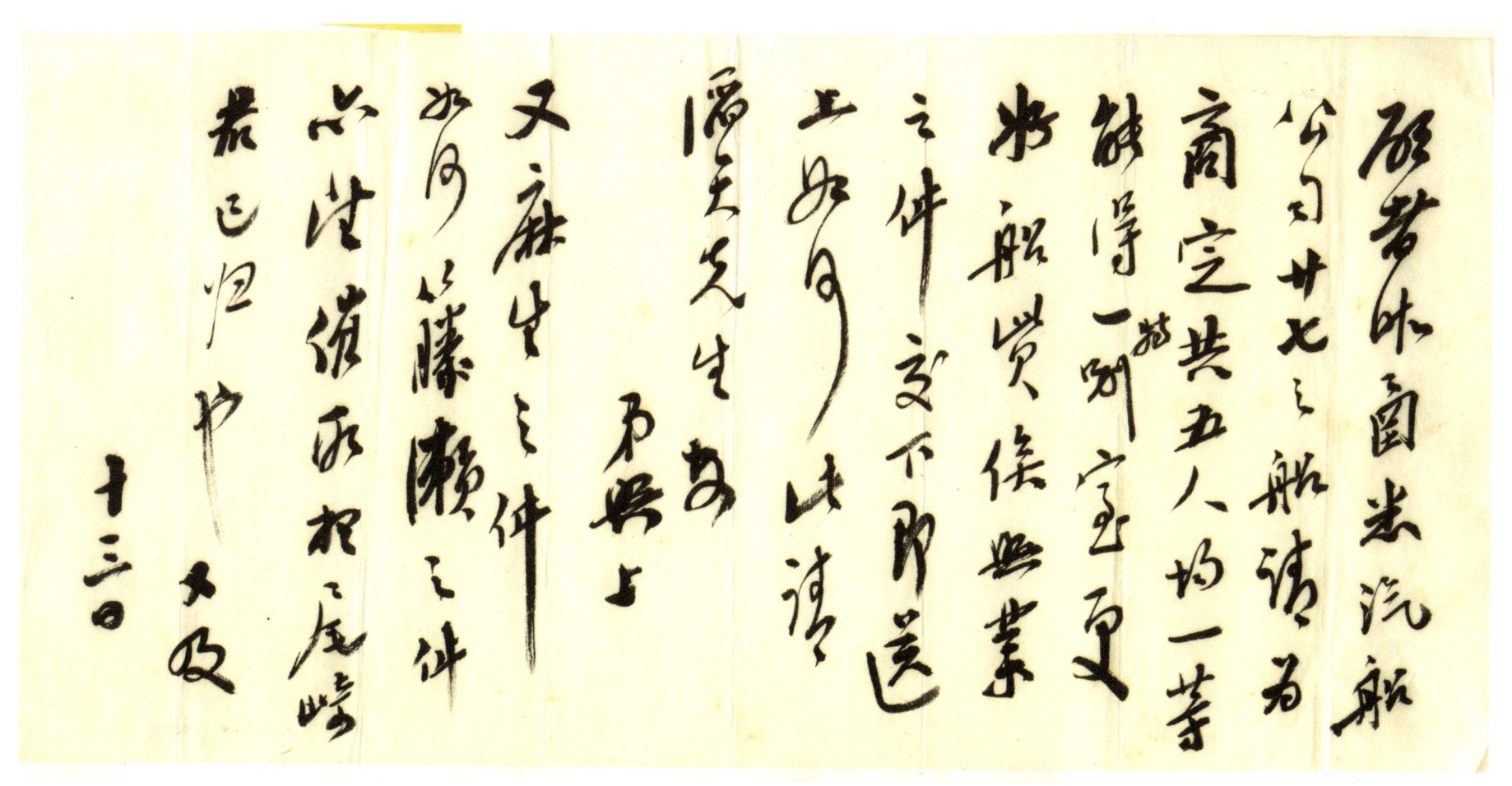

黄兴致宫崎滔天函（1914年6月13日）

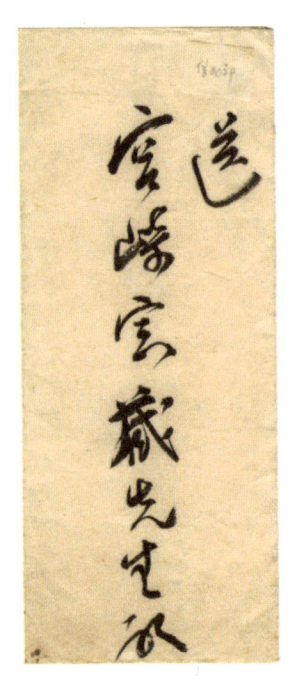

释读

启者：

　　昨函悉。

　　汽船公司廿七之船请为商定。共五人，均一等，能得一特别室更好。船资俟兴业之件交下即送上，如何？此请

滔天先生安

　　　　　　　　　　　　　　　　　　　　　　　　　弟兴上

又麻生之件如何？藤濑之件亦望催取，想尾崎君已归也。 又及

　　　　　　　　　　　　　　　　　　　　　　　　　十三日

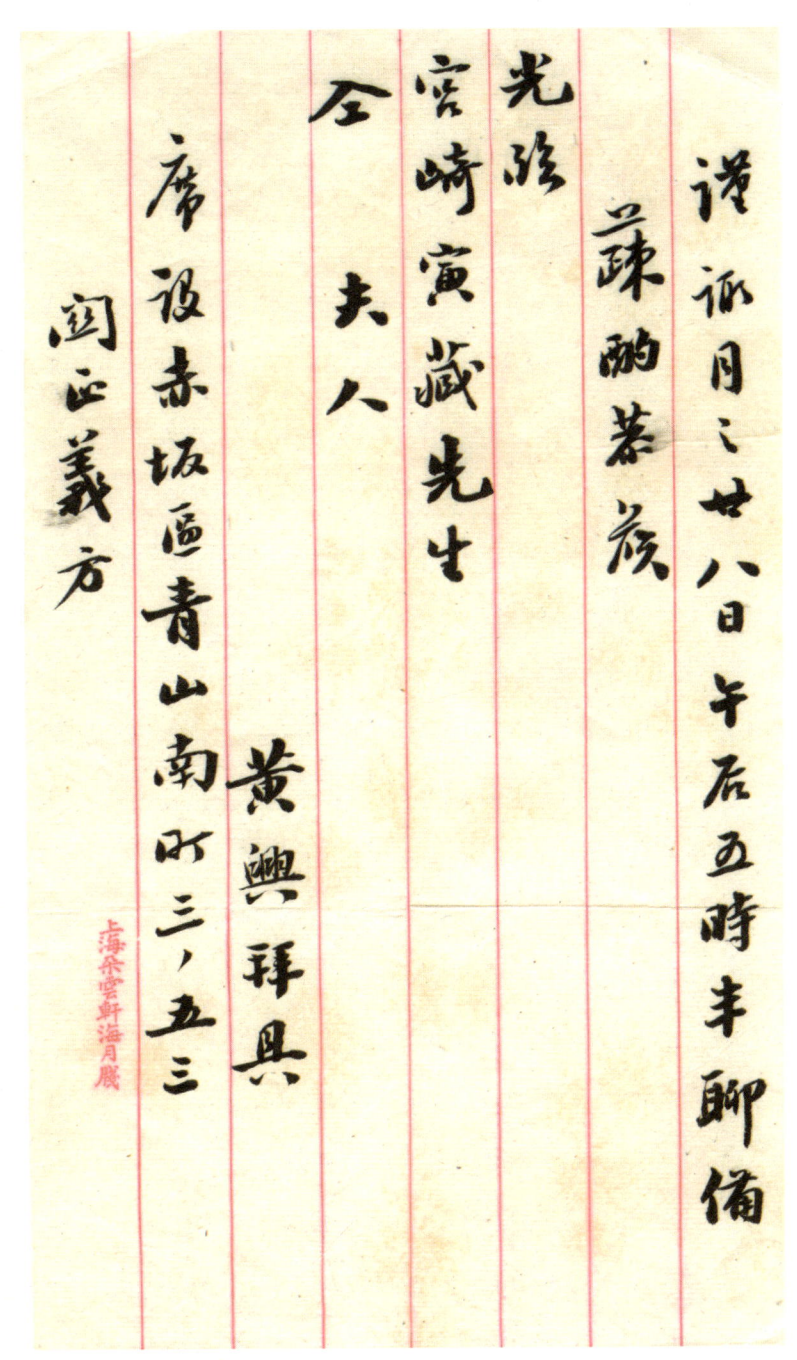

黄兴致宫崎滔天函（1914年6月28日）

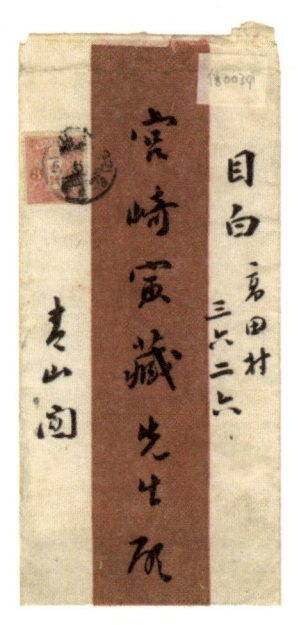

释读

  谨諏月之廿八日午后五时半聊备蔬酌恭候

光临

宫崎寅藏先生

仝 夫人

黄兴拜具

席设赤坂区青山南町三，五三

关正义方

黄兴致宫崎滔天明信片（1914年7月18日）

释读

滔天先生鉴：

　　弟等于七月十五日安全抵岸，当即电告，想已接收矣。在东诸承关注，感谢无已。敝眷密尔，后多烦扰，尤为不安。现为各团体欢迎，困于酬应，容迟二、三日再详告一切也。此问

大安

　　　　　　　　　　　　　　　　　　　　　　　　　　弟兴启

　　令嫒
　　令息　　均问好
　　令夫人

日本东京府下高田村大字巢鸭三千六百二六
宫崎滔天様

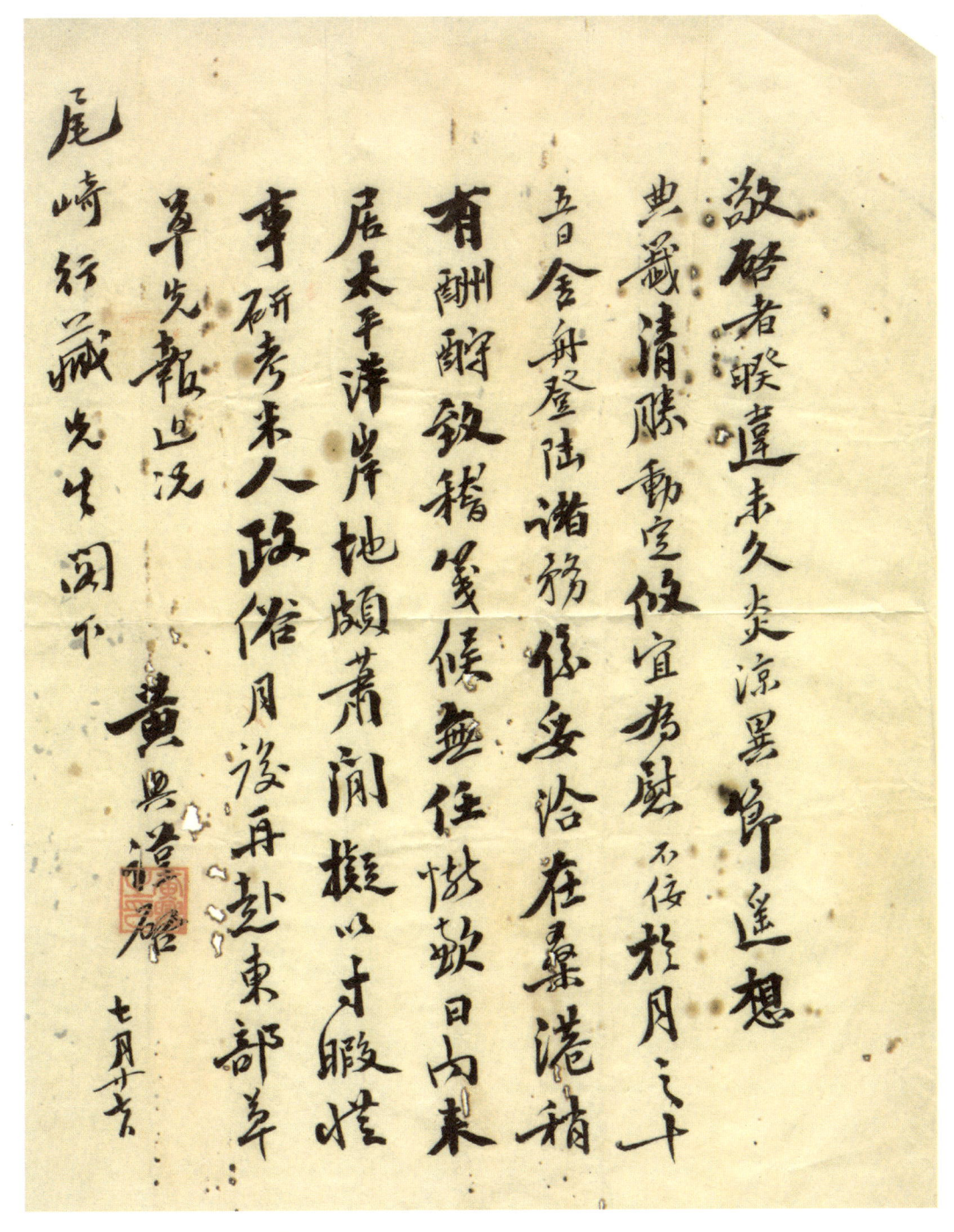

黄兴致尾崎行藏函（1914年7月27日）

释读

敬启者：

睽违未久，炎凉异节。遥想典藏清胜，动定攸宜，为慰。

不佞于月之十五日舍舟登陆，诸务系妥洽。在桑港稍有酬酢，致稽笺候，无任惭歉。日内来居太平洋岸地，颇萧闲，拟以寸暇从事研考米人政俗。月后再赴东部。草草，先报近况。

尾崎行藏先生阁下

黄兴谨启

七月二十七日

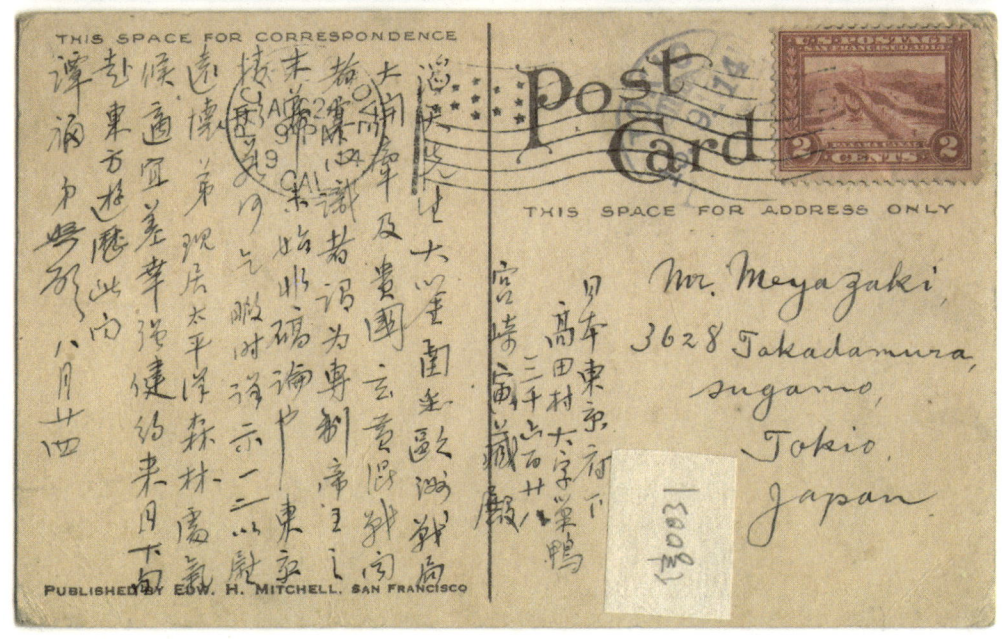

黄兴致宫崎滔天明信片（1914年8月24日）

释读

滔天先生大鉴：

　　函悉。

　　欧洲战局大开，牵及贵国。玄黄混战，闻者寒心。识者谓为专制帝王之末幕，未始非确论也。

　　东京情形若何？乞暇时详示一二，以慰远怀。

　　弟现居太平洋森林处，气候适宜，差幸强健，约来月下旬赴东方游历。此问

谭福

弟兴启
八月二十四

Mr. Miyazaki

3628 Jakadamuza Jugano Tokil Japam

日本东京府下高田村大字巢鸭三千六百二十八

宫崎寅藏殿

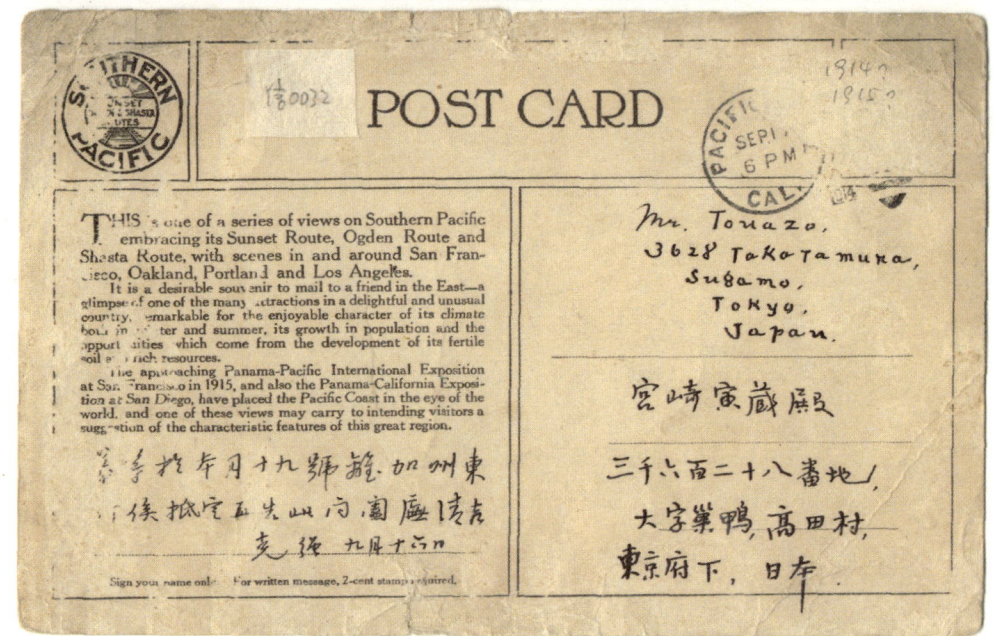

黄兴致宫崎滔天明信片（1914年9月16日）

释读

  弟等于本月十九号离加州东行，俟抵定再告。此问
阖庑清吉

克强
九月十六日

Mr. Touazo
 3628 Takatamura
  Sugamo
   Tokyo
    Japan

宫崎寅藏殿
三千六百二十八番地
大字巢鸭，高田村，
东京府下，日本

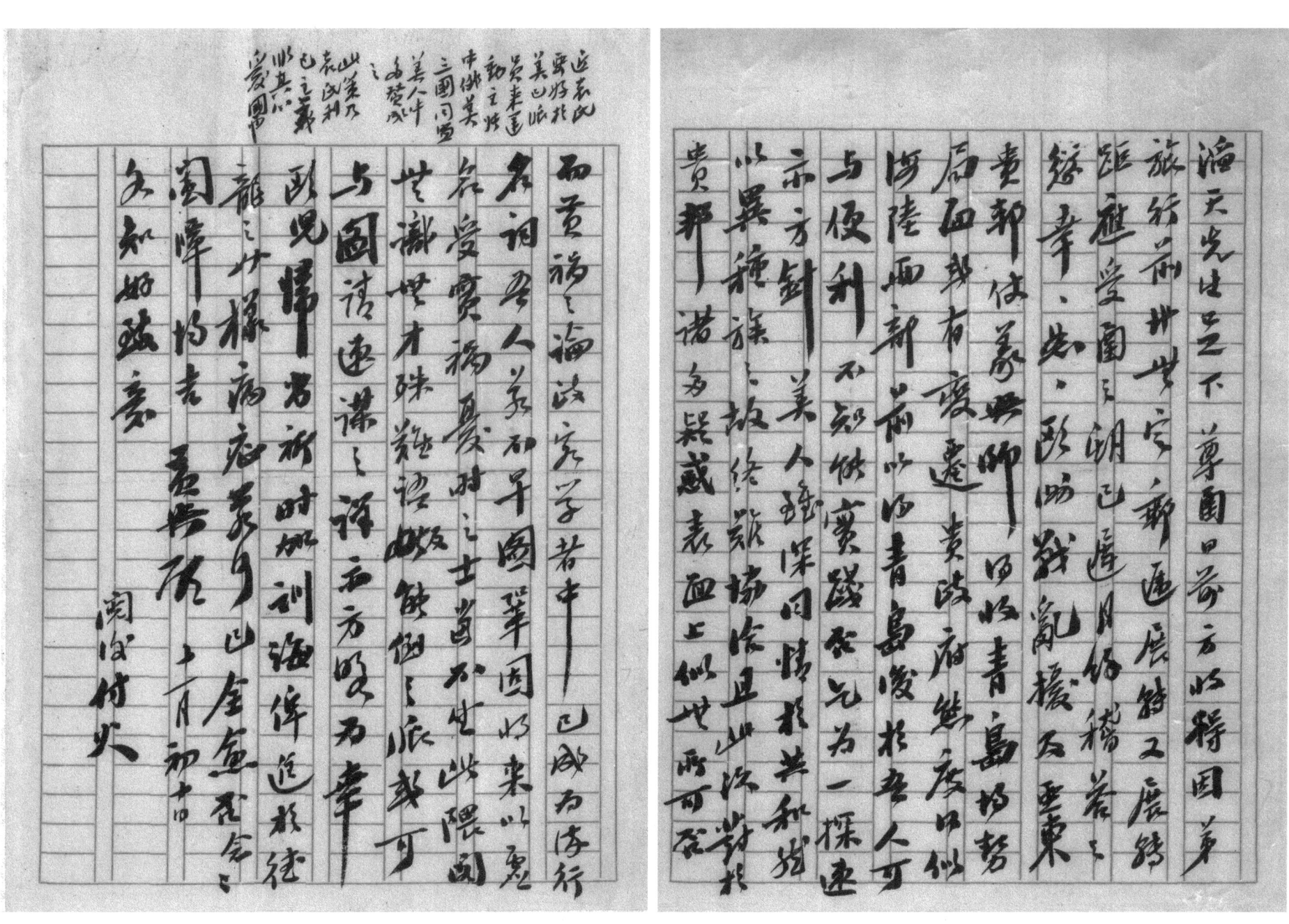

黄兴致宫崎滔天函（1914年11月10日）

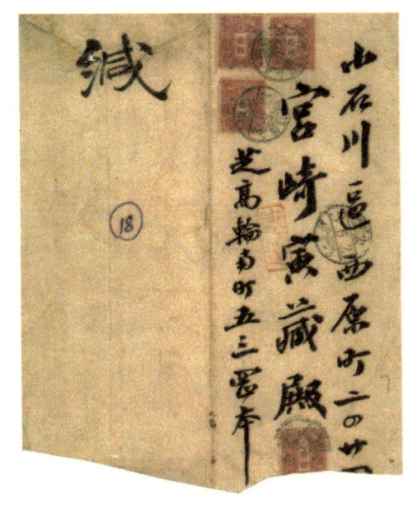

释读

滔天先生足下：

尊函日前方收得。因弟旅行前地无定，邮递展转又展转，距应受函之期已迟月余，稽答之愆，幸恕幸恕。

欧洲战乱扰及亚东，贵邦仗义兴师得收青岛，均势局面或有变迁。贵政府态度日似海陆两部。前以得青岛后于吾人可与便利，不知能实践否？乞为一探，速示方针。

美人虽深同情于共和，然以异种族之故，终难协洽。且此次对于贵邦诸多疑惑，表面上似无所可否，而黄祸之论，政客、学者中已成为流行名词。吾人若不早图巩固，将来以虚名受实祸。忧时之士当不望此。隈阁无识无才，殊难语及，能倒之派或可与图。请速谋之，详示方略为幸。

欧儿归，尚祈时加训诲，俾进于德。龙之介样病症若何？已全愈否？念念

阖谭均吉

各知好致意

黄兴启
十一月初十日

阅后付火

近袁氏要好于美，已派员来运动，主张中、俄、美三国同盟。美人中多赞成之。此策乃袁氏利己主义，非真心爱国也。

滔天主人遠渡此間，此等歸
秋已回駕，一切羌羌貴國政
府既隔盖青島問題，此
方針何等尤為貴國政
示知隈別被穩立當
政國兩黨健鬪以傾
閣勢宜小瑩先生推荐
師樂取表示福善
乃根据而小國民之同
情比努力為幸

貴國政府方針倒執
（指袁表言）
於弊國之改革頗生障
礙以敦勸於將來東
亞之吾途幾
執事步推注目及此
有以曉四枯十日令此
即頌
籌安
知名書 十二月
晚鄉兄一圍兀齡坡 十一日

黄兴致宫崎滔天函（1914年12月11日）

宫崎滔天家藏民国人物书札手迹（第二卷）

释读

弢园主人鉴：

欧儿等归，想已面呈一切矣。

贵国政府于陷落青岛后所执方针何若？乞为示知。隈阁能稳立否？政国两党健斗，必倾阁无宜。木堂先生于增师案所表示之言论甚得根据，可卜国民之同情，望努力为幸。贵国政府方针（指亲袁言）倒执，于敝国之改革颇生障碍，即影响于将来东亚之前途。想执事必能注目及此，有以挽回于其才也。专此，即请

筹安

知名书
十二月十一日

晓柳兄一函乞转致

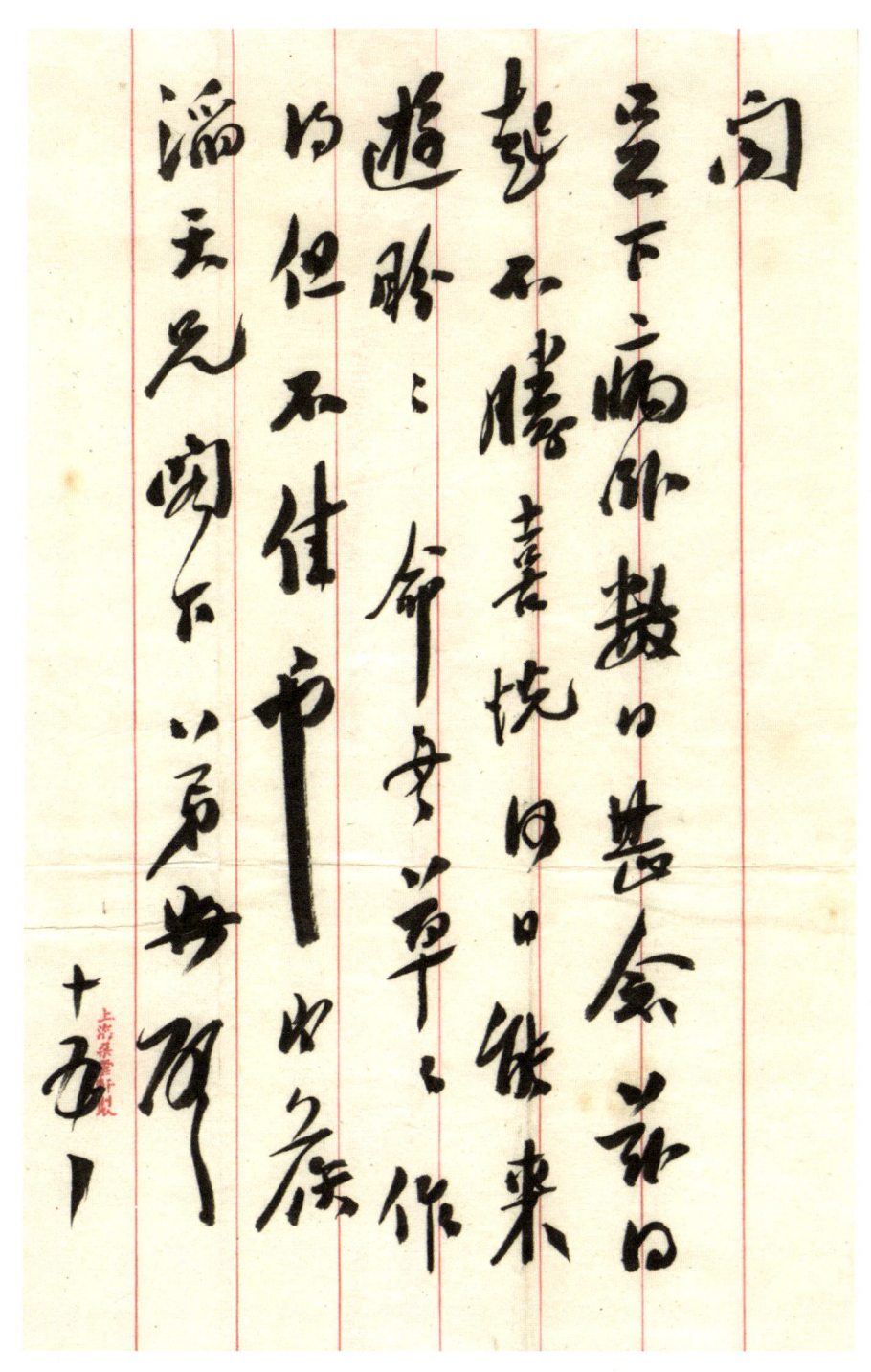

黄兴致宫崎滔天函（□年□月15日）

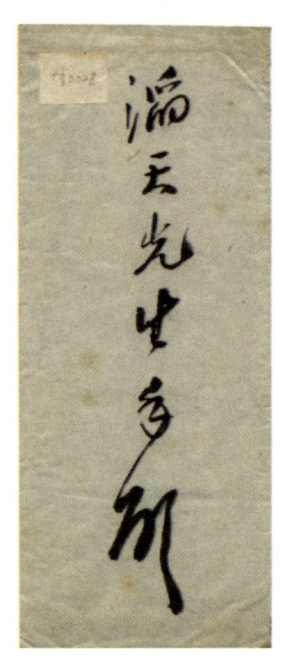

释读

　　闻足下病卧数日，甚念。兹日起，不胜喜悦。何日能来游？盼盼！
　　命书草草作得，但不佳也。即候
滔天兄阁下
　　　　　　　　　　弟兴启
　　　　　　　　　　　十五日

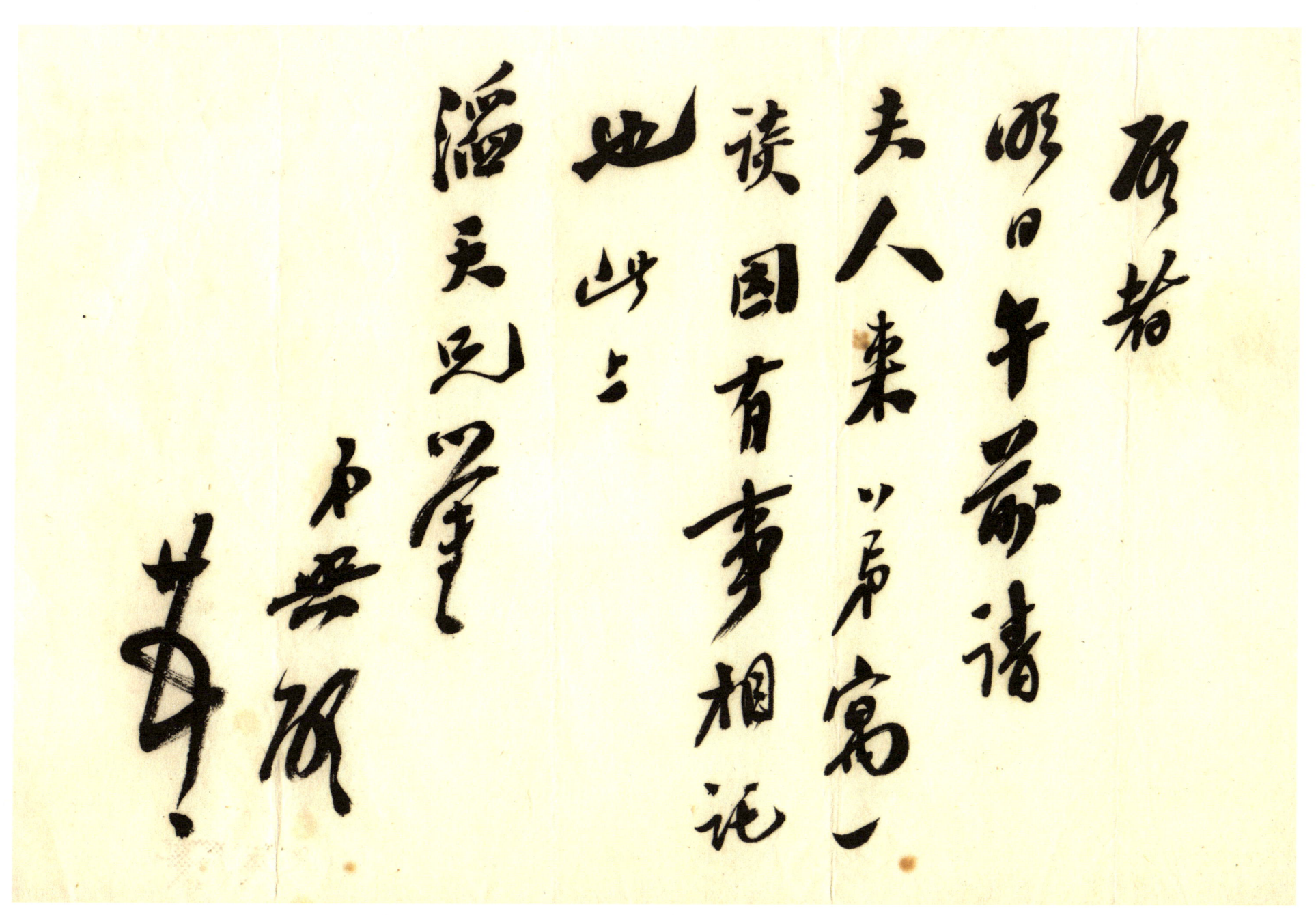

黄兴致宫崎滔天函（□年□月25日）

 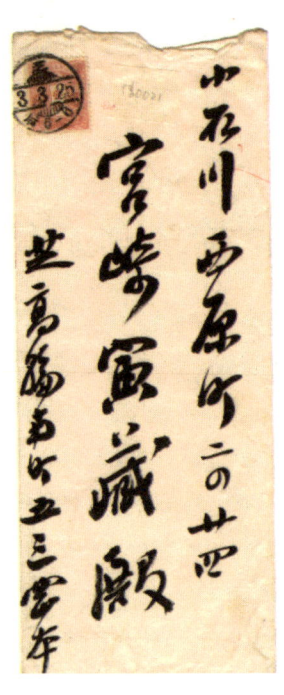

释读

启者：

    明日午前请夫人来弟寓一谈，因有事相托也。

此上

滔天兄鉴

                  弟兴启

                    二十五

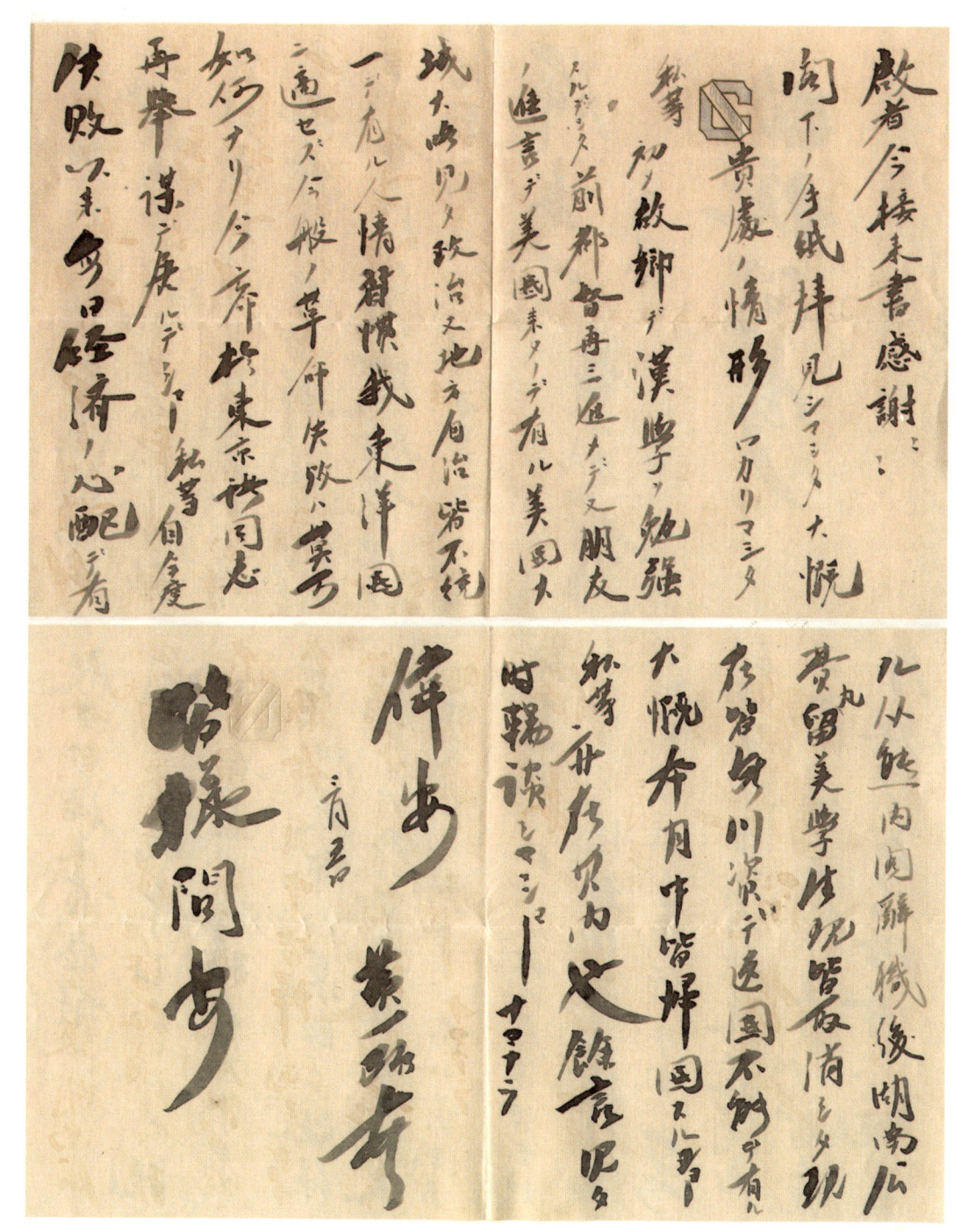

黄一欧致宫崎滔天函（1914年3月5日）

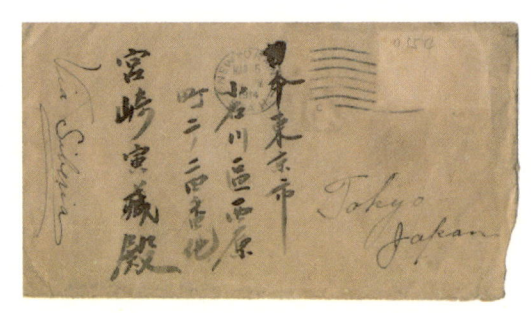

释读

启者：

　　来函今悉，感谢。

　　拜读阁下函，贵处情形大致得知。

　　我等开始时想在家乡开读汉学，但因前都督再三劝说，加之朋友建言，故来美国。美国大城市多得以见识，不仅政治、地方自治等等皆不统一，人情习惯亦不适于我东洋国家。

　　此次之革命失败尚莫可如何。今亡命东京之诸同志想必正谋再举。我等自此次失败以来，每日忧虑经济状况。自熊内阁辞职后，湖南省公费留美学生所享公费资格已被取消，现均无返国川资。众学生约于本月内回国，我等亦在其中也。

　　余言待面叙。敬祈

大安

黄一欧顿首

三月五日

敬问全家安好

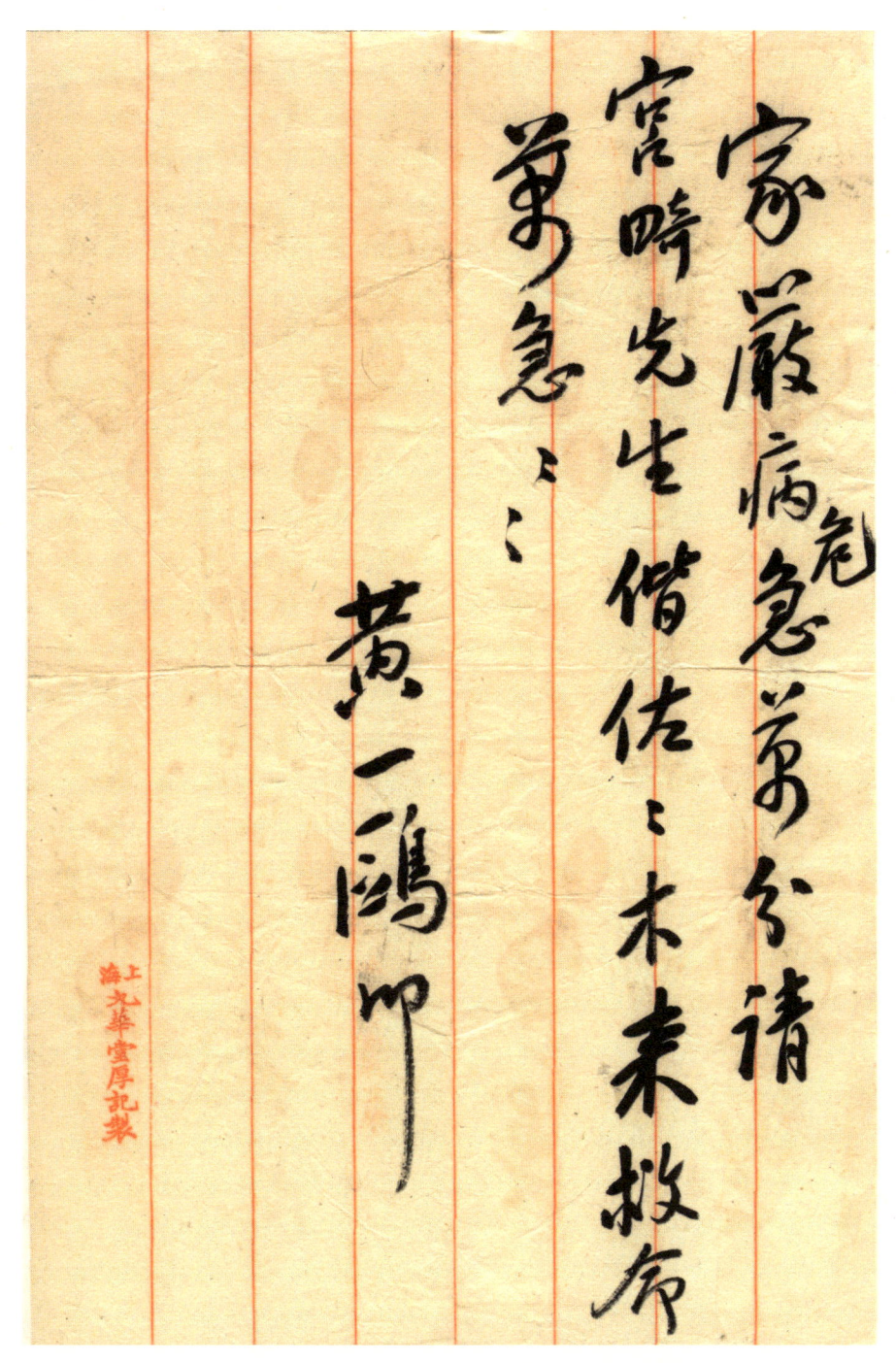

黄一欧致宫崎滔天函（1916年10月13日）

释读

家严病危急万分,请宫畸〔崎〕先生偕佐佐木来救命!万急万急!

黄一鸥叩

贺寅致宫崎龙介转黄一中函（1917年2月6日）

 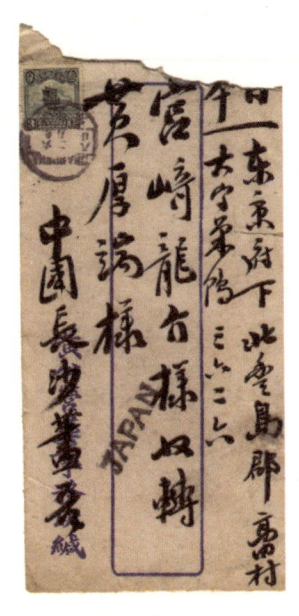

释读

厚端贤侄台览：

前寄一函当可收到。

令尊葬地尚未确定，多半是昭山。昨日贵祠开会一致赞成，惟其中略有手续，要俟三数日方能表决。

昨接沪电，宫崎滔天先生二号启程来湘，此间拟派小大轮到芦林塘迎接。

兹请者，最新森林学一书请代购数册（价〔款〕请代垫），坚固包好，由邮局速寄长沙学院街黄公营葬事务所为感。此颂

学祺

贺寅启

二月六号

我校歡迎宮崎先生大會記

先生東亞偉人也黃公先生亦也日本
我國之仇敵先生我國之元勳日本
以滅種政策凌我華人先生以民族
主義待我民國反對本國之亂政協
助我國為共和黃公之病逝春申
先生感於知己不辭萬里而臨袁
此素車白馬有鳥之情焉
竹朮鞞尤烱安仁之謙我校校長
慕先生之為人設會以歡之是日
也犂賢畢至少長咸集學校極三
湘之盛賓主盡東南之美坎長胡
公元盛海陸糟置偉人宮崎之
懿範摩戎遙臨時維三月序屬陽
春櫻桃與牡丹爭妍水共雲天一
色蘭亭會渚氣隱偉人之樽滕
閣風高光照犀賢之陛校長報告
開會之原因已畢宮崎先生乃登
壇演說謂我黃種之人素獷悍
雄止查界之一大洲白種人發達未
久國基勒奠往往侵奪貴國之土地
貴國之主權貴同居日告之西鄰
如手足之相拊倘狆以亞洲為亞洲人
之亞洲勿作歐美人之亞洲黃人為
我黃種之黃人勿作歐美人之黃人
合同種之人以抗白人之實崎之所希
望也諸居學業高超譯能逆耳高見識
志玄陽呼先生果道德高尚人之
越犀不特日本人之幸中國人之幸
亦黃種人普幸也

中華民國六年季春
宮崎先生見介民文哮抄之

释读

我校欢迎宫崎先生大会记

先生，东亚伟人也；黄公，先生故人也。日本，我国之仇敌；先生，我国之元勋。日本以灭种政策凌我华人，先生以民族主义待我民国，反对本国之虐政，协助我国为共和。黄公病逝，春申先生感于知己，不辞万里而临丧。此素车白马有过元伯之情，毫〔豪〕竹哀丝尤逾安仁之诔。我校校长慕先生之为人，设会以欢〈迎〉之。

是日也，群贤毕至，少长咸臻。学校极三湘之盛，宾主尽东南之美。校长胡公之盛筵，海陆错置；伟人宫崎之懿范，荣戟遥临。时维三月，序属阳春。樱桃与牡丹争妍，春水共云天一色。兰亭会渺，气临伟人之樽；滕阁风高，光照群贤之德。校长报告开会之原因已毕，宫崎先生乃登坛演说，谓我黄种之人素称强悍，雄占世界之一大洲。白种人发达未久，国基初奠，往往侵夺贵国之土地、贵国之主权。贵国为日本之西邻，如手足之相拊。倘能以亚洲为亚洲人之亚洲，勿作欧美人之亚洲；黄人为我黄种之黄人，勿作欧美人之黄人，会同种之人以抗白人，实崎之所希望也。诸君学业高超，谅能遂鄙人之志云。呜呼！先生果道德高尚、见识超群，不特日本人之幸、中国人之幸，亦黄种人皆幸也！

中华民国六年季春

宫崎先生见介民文嘱抄之

黄振华致黄一中函（1917年5月4日）

释读

厚端弟如面：

顷接手书，敬悉一切。及邮片玩画早已收到，曾已函复，想必与这信同到矣。

弟大考成积〔绩〕名列四十余名，亦可憾矣。因汝是外国人，想他本国人必有列于弟后者，若彼人实可愧乎。再越两年，想弟之名断不落于四十名之后。因弟天愤〔份〕不差，今又加功求学，不舍光阴错过，何敢落于数十名乎？

先父于阳历四月十三、四两日开吊，十五日出殡。来吊之人出入如蚁，无有不哀痛者也。出殡之先日下雨不止，忽然天明红日。送者万余人，渡河者亦有二千余人。因要有渡河证始得渡河、雇定船只，不许别船渡往渡返。惟蔡松波〔坡〕先生出殡之日，大雨淋淋，送者不多，渡河者不及先父之半（闻仅二百余人），惟有被人不知闲论多许耶。爷爷随〔虽〕亡，吾亦可乐矣。何也？因父三次出外，三次要下雨雪，三次未下，是不可乐耶？先父出殡情行〔形〕，用的双杆，一百人抬之，皆穿青衣以表哀吊。兹将相片二张呈上，望弟阅后保存。乞勿哀痛，只发愤求学，自立不输别人，接父之脚。此是先父最乐之幸福也。此问

近佳

姊 振华

五月四日手复

再者，弟之被祸〔窝〕已托陈君（陈凤先生之弟）带来，大约不日起程赴日。

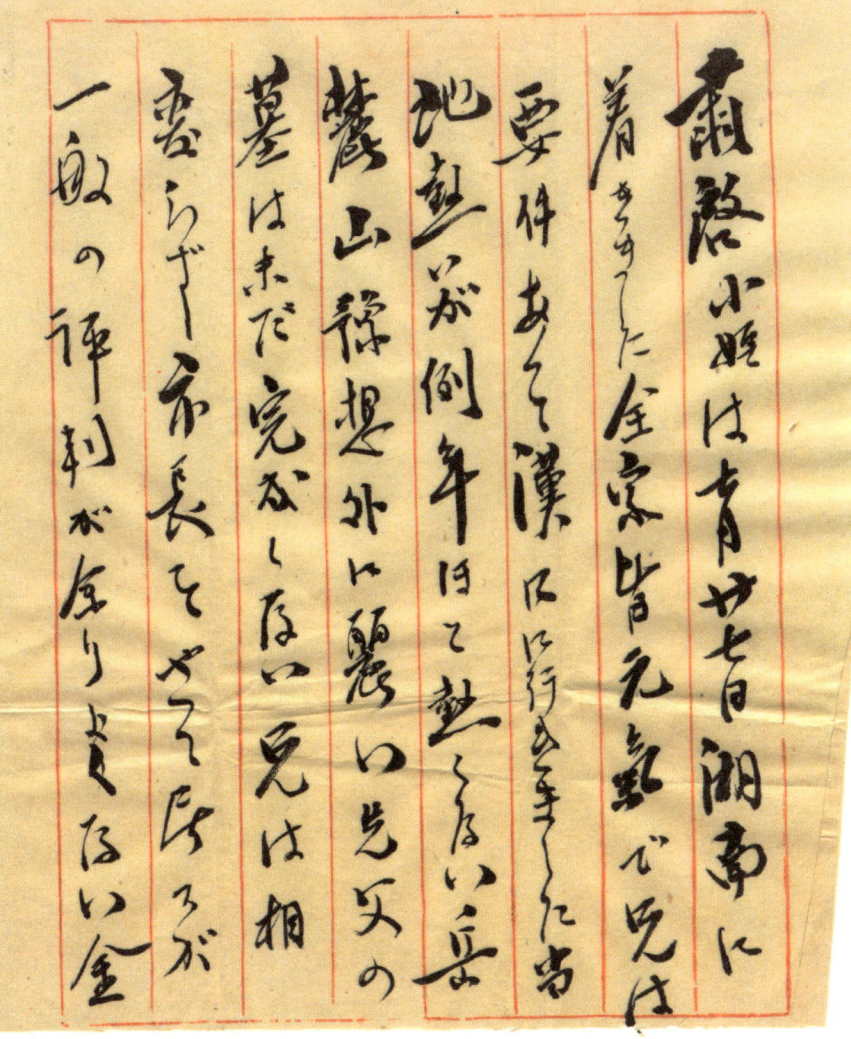
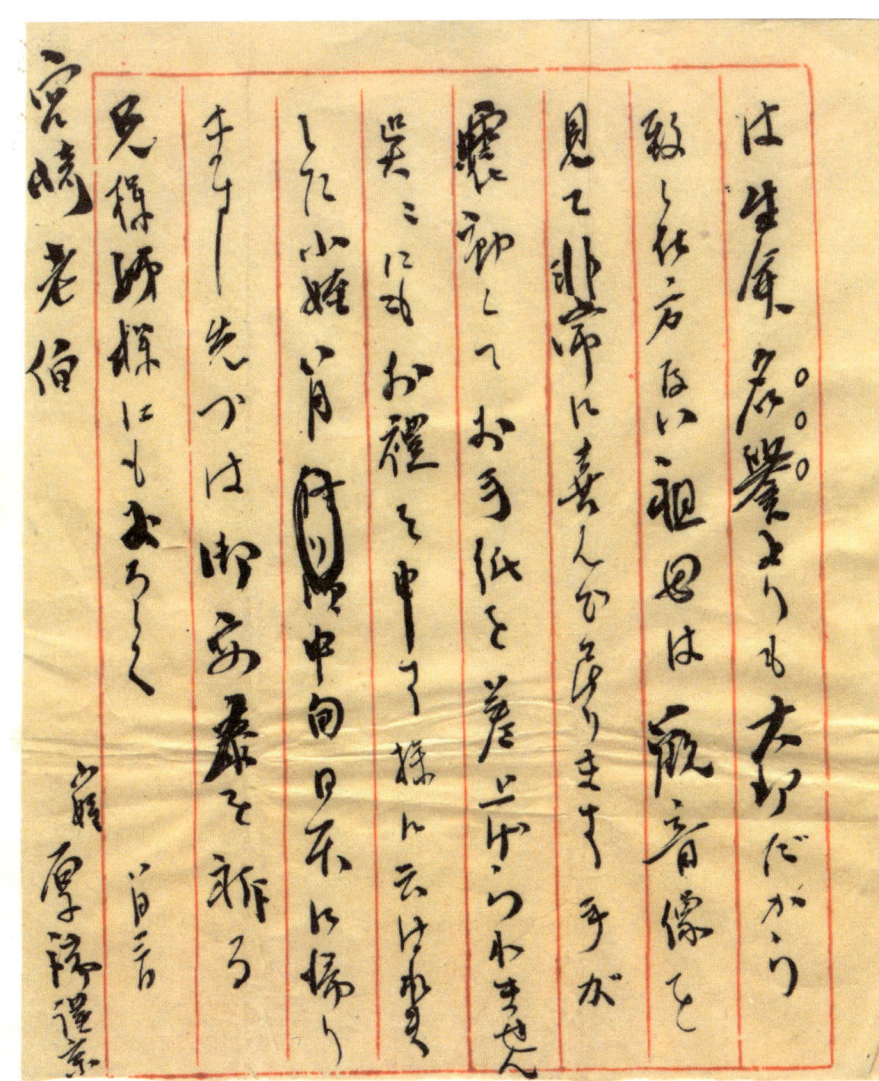

黄一中致宫崎滔天函（1917年8月3日）

 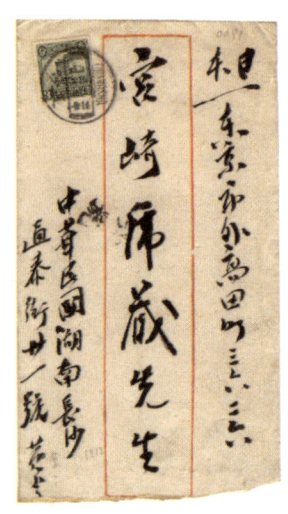

释读

肃启：

小侄于七月廿七日抵达湖南。全家皆安好。家兄因要务在身已前往汉口。此地暑期不像往年那样炎热。岳麓山格外秀丽。

先父之墓地尚未完工。家兄依旧担任市长，舆论评价欠佳。其视金钱为生命，甚至胜过名誉，无奈！

祖母获赠观音像，甚是欢喜。因其手抖，不能亲笔致函，再三嘱我代为致谢。

小侄定于八月中旬返抵日本。谨此先行祈愿安泰。

问候各位兄、姐。

宫崎老伯

小侄 厚端谨禀

八月三日

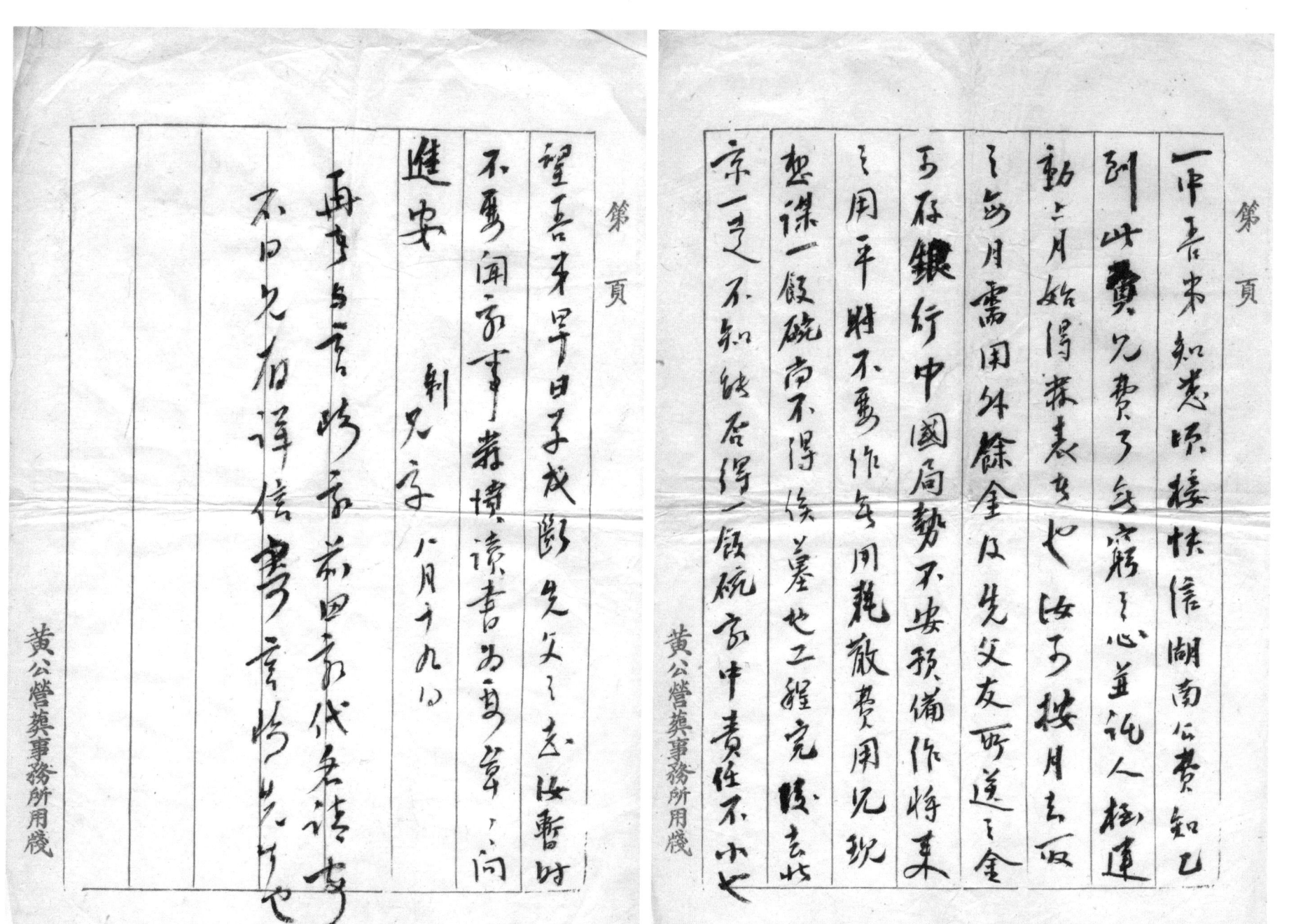

黄一欧致黄一中函（1917年8月19日）

释读

一中吾弟知悉：

顷接快信，湖南公费知已到。此费兄费了无穷之心，并托人极运动，上月始得发表者也。汝可按月去取之，每月需用外，余金及先父友所送之金可存银行。中国局势不安，预备作将来之用，平时不要作无用耗散费用。兄现想谋一饭碗尚不得。俟墓地工程完后去北京一走，不知能否得一饭碗。

家中责任不小也，望吾弟早日学成，断〔继〕先父之志。汝暂时不要闻家事，发愤读书为要。草草，问进〔近〕安

制 兄字

八月十九日

再者与宫崎家、前田家代名请安。不日兄有详信寄宫崎先生也。

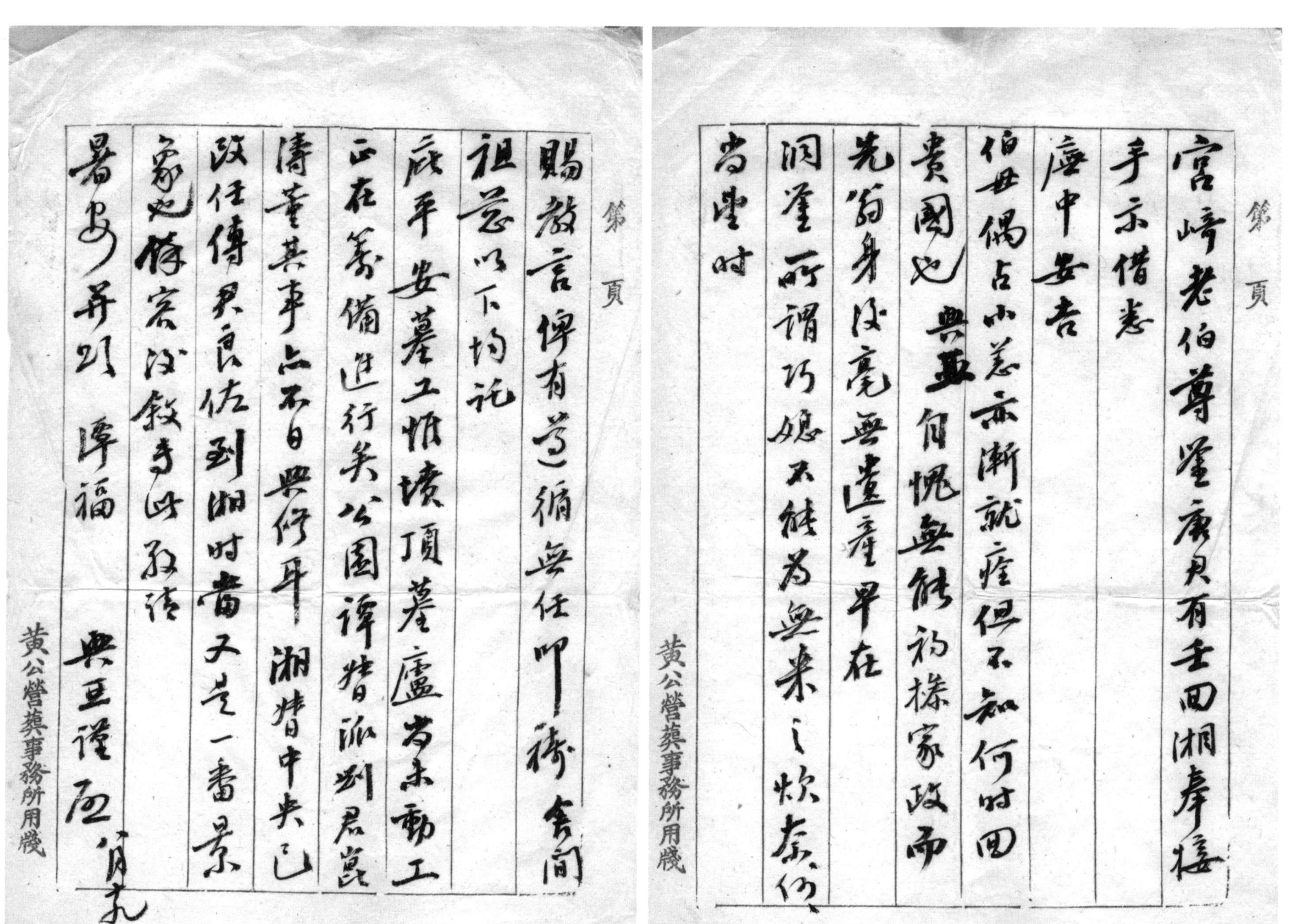

黄一欧致宫崎滔天函（1917年8月19日）

释读

宫崎老伯尊鉴：

　　唐君有壬回湘，奉接手示，借悉庑中安吉。伯母偶占小恙，亦渐就痊，但不知何时回贵国也。兴亚自愧无能，初操家政，而先翁身后毫无遗产，早在洞鉴。所谓巧媳不能为无米之炊，奈何，奈何！尚望时赐教言，俾有遵循，无任叩祷。舍间祖慈以下，均托庇平安。

　　墓工惟坟顶、墓庐尚未动工，正在筹备进行矣。公园谭督派刘君崑涛董其事，亦不日兴修耳。湘督中央已改任傅君良佐，到湘时当又是一番景象也。余容后叙。

　　专此，敬请暑安，并颂

潭福

　　　　　　　　　　　兴亚谨启
　　　　　　　　　　　八月十九

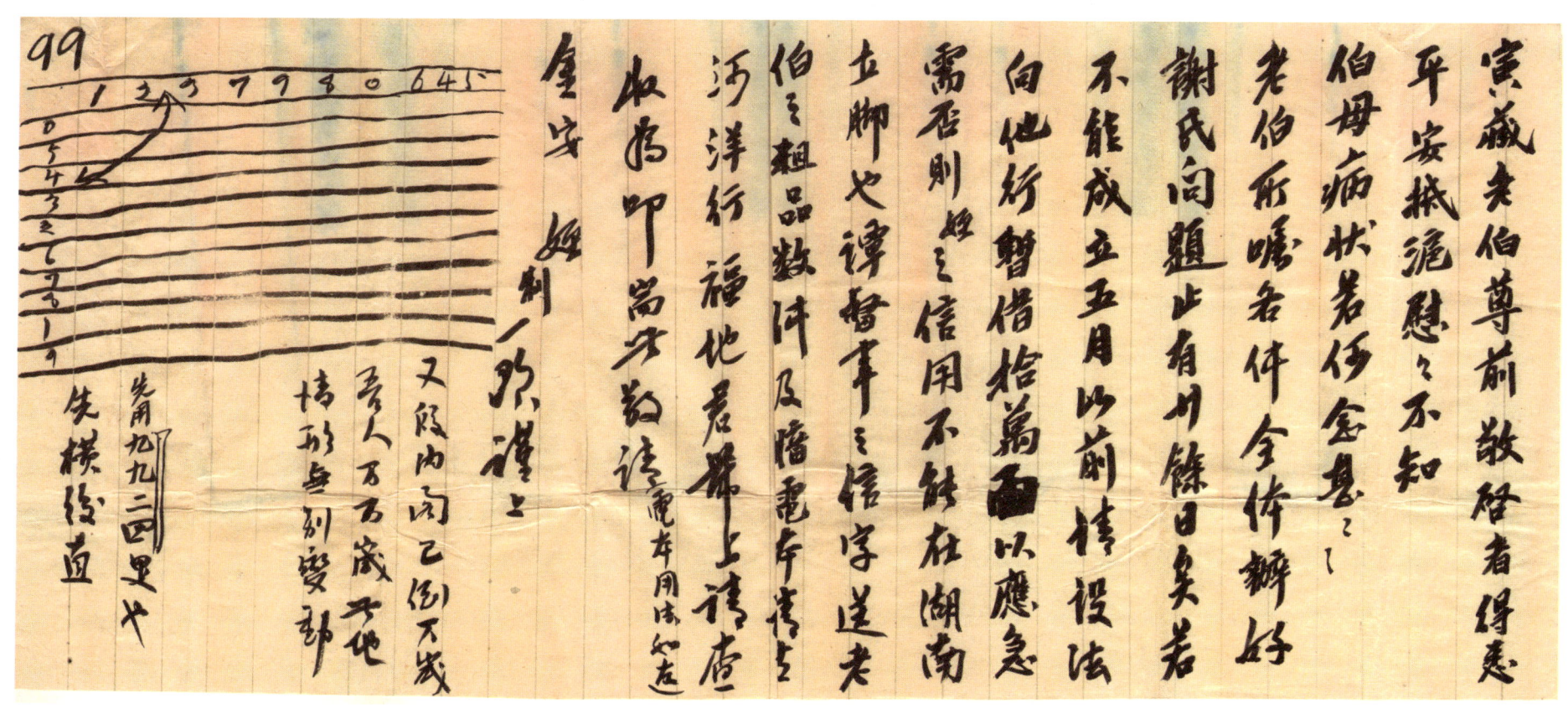

黄一欧致宫崎滔天函（1917年）

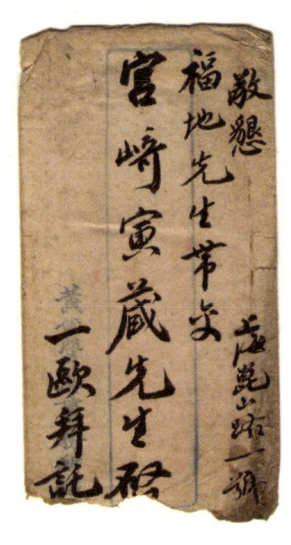

释读

寅藏老伯尊前：

敬启者，得悉平安抵沪，慰慰。不知伯母病状若何，念甚念甚。

老伯所嘱各件全体办好。谢氏问题止有廿余日矣，若不能成立，五月以前请设法向他行暂借十万以应急需，否则侄之信用不能在湖南立脚也。谭督事之信字、送老伯之粗品数件及暗电本，请古河洋行福地君带上，请查收为叩。耑此，敬请

金安

　　　　　　　　　　　　　　　　　　侄制　一欧谨上

　　　　　　　　　　　　　　　　　　（电本用法如左）

　　　　　　　　　　　　　　　　　　先用九九二四是也

　　　　　　　　　　　　　　　　　　　　先横后直

又，段内阁已倒，万岁！吾人万万岁！此地情形无别变动。

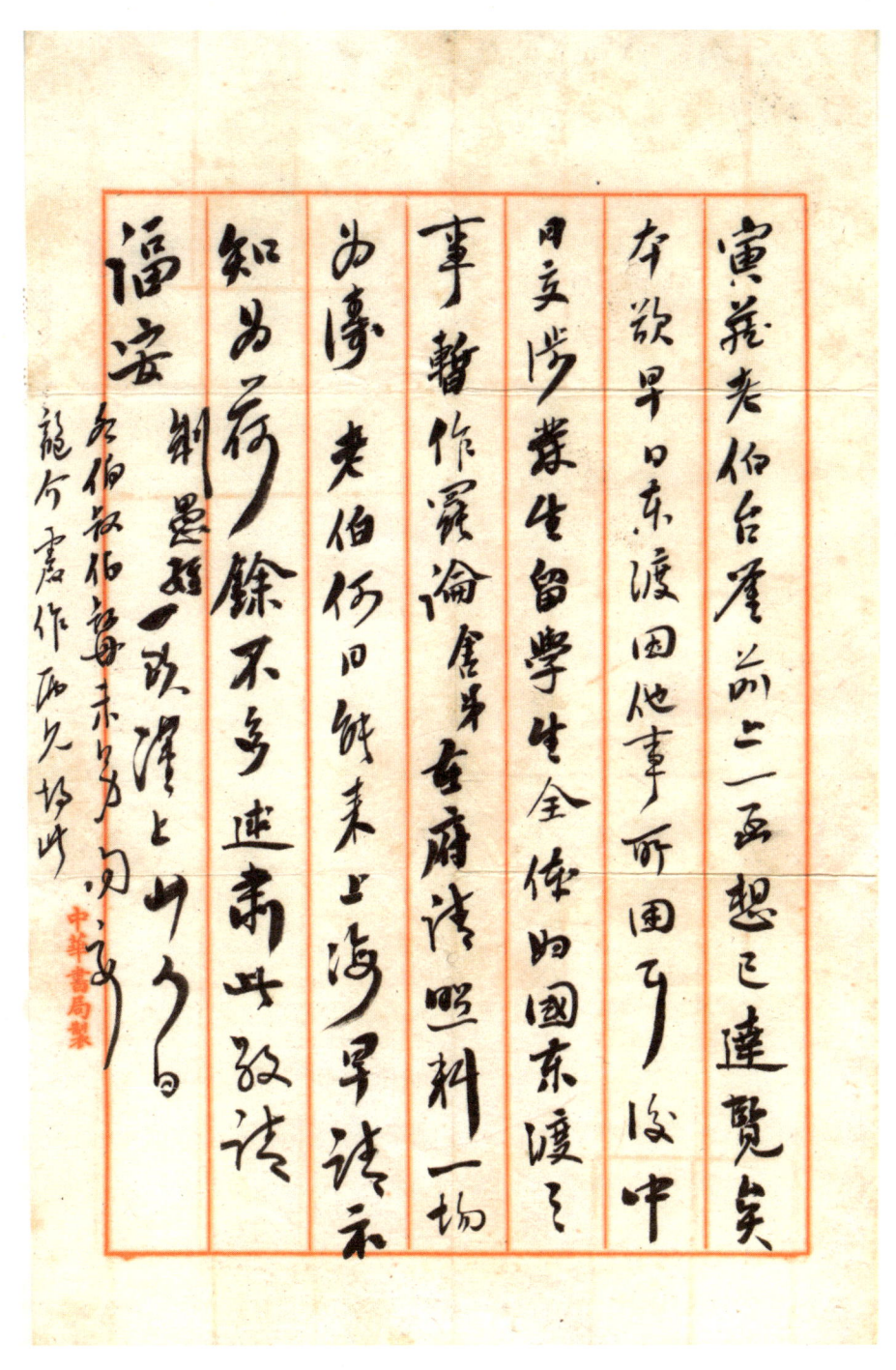

黄一欧致宫崎滔天函（1918年□月24日）

 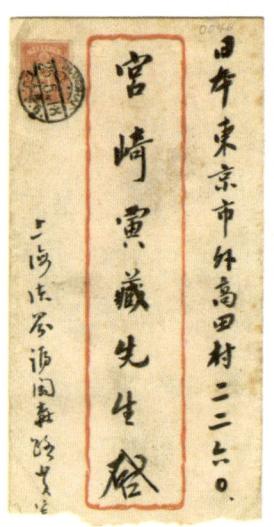

释读

寅藏老伯台鉴：

　　前上一函，想已达览矣。

　　本欲早日东渡，因他事所困耳。后中日交涉发生，留学生全体归国，东渡之事暂作罢论。舍弟在府，请照料一切为祷。老伯何日能来上海，早请示知为荷。余不多述。肃此 敬请

福安

　　　　　　　　　　　　　　　　　　　　　　　　　　　制愚侄　一欧谨上
　　　　　　　　　　　　　　　　　　　　　　　　　　　　　　　二十四日

各伯叔伯叔母未另问安

龙介震作两兄均此

寅藏老伯鈞鑒前週由廣州返滬不久田湘現吳佩孚出而主和段逆仍堅持積極主戰爭內訌段逆返長南方反每議和之餘地戰爭延長人民痛苦何堪設想嗚呼列強建造潘陣亡我湘人不幸叫個人亦不幸此次吾人避難東滬勉強支持目白房子擱下想久亦年

老伯代為便賣為叩其欵諸交厚
端以存不誤家中大小均吉肅此敬請
福安 姪制 一歐謹上廿三日
府上親戚友人各各問安
伯母及龍介兄常兒面人均好

黃一歐致宮崎滔天函（1918年9月23日）

 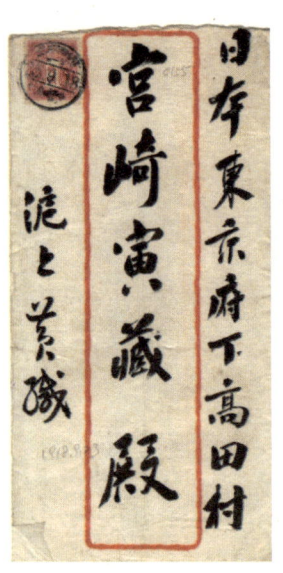

释读

寅藏老伯钧鉴：

前周由广州返沪，不久回湘。

现吴佩孚出而主和，段逆仍坚持积极主战。寺内不倒，段无退意，南方更无议和之余地。战争延长，人民痛苦，何堪设想。呜呼！

别尺建藩阵亡，我湘人不幸，即欧个人更不幸。此次家人避难来沪，勉强支持。目白房子搁下甚久，亦无地皮，留下无甚益处。请老伯代为便卖为叩。其款请交厚端收存不误。

家中大小均吉。肃此 敬请

福安

                 侄制 一欧谨上

                 二十二日

府上亲戚友人乞名问安

伯母及龙介兄常见面，人均好

端弟如晤，启者我家与五舅三官事，尚未解决，我家所存在粮栈书画器皿等项，现伊霸卖去无数，最可惜者，即我们先父所保宝三字画，当拙一千元之物，伊做百元卖去矣，现确实有证，伊尚要和我家之物，一点不动，此语如卓已看穿，晓得你敷衍之词也，今誓如此，诚实可恨，岂不是欺我父乎，所以今告茅者，莫被伊诱或伊或伊子等，写信与你借钱，我茅万不可与伊，因伊尚有种种无理之形为，对我家此不必多说，我弟亦不必追究，

因动在校，免得搅乱脑筋，无论如何式五舅舅亲自来日，要钱，我弟亦不允，母亲亦嘱汝不必理他或信与汝，汝亦不必如回答，重嘱之，余不多序，事此即颂

年安

姊 振华 十二月廿九日手启

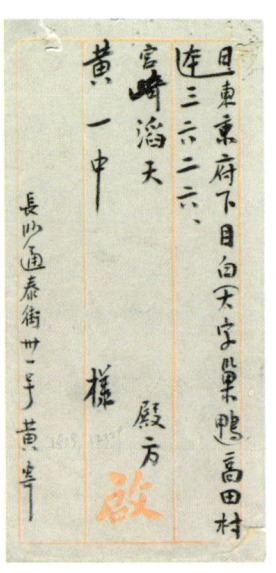

释读

端弟如晤：

　　启者，我家与五舅之官事尚未解决。我家所存在兴华粮栈书画器皿等项，现已被伊窃了卖去无数。最可惜者即我们先父所保宝三字画，当抵一千元之物，伊做百元卖去矣。现确有证。伊尚要和，我家之物一点不动。此语姊早已看穿，晓得系敷衍之词也。今一面讲和，一面盗窃，诚实可恨，岂不是欺我父母乎？所以今告弟者，望弟莫被伊诱或〔惑〕，伊或伊子等写信与你借钱，我弟万不可与伊，因伊尚有种种无理之形〔行〕为对我家。此不必多说，我弟亦不必追究，因在学校，免得扰乱脑经。无论如何，或五舅亲自来日要钱，我弟亦不可与，母亲亦嘱汝不必理他。或有信与汝，汝亦不必回答。至嘱至嘱，余不多序〔叙〕。专此，即颂

年安

　　　　　　　　　　　　　　　　　　　　姊　振华
　　　　　　　　　　　　　　　　　　　　十二月二十九日手启

寅藏老伯尊鉴 因国家以斯无善奉告 国家不增人才何以得昭所有才识之才多自避之 现在军阀破倒势力尤存 年内必不能挽一也 将来无如收拾吾日游食生活完全以借贷为营谋

北京公府事已被裁 故含更 因谁读将日久房子变卖以便应用 谭组庵此葛其日大变 现正设法对付 将来吾台二式可保存 赵太夫人遗体尚颇有望 俟葬日役余不尽书 其结果总在数日 肃此敬请 诸安 伯母亲等均此 一欧谨上

黄一欧致宫崎滔天函（1920年10月2日）

释读

寅藏老伯尊鉴：

因国家如斯，无善奉告。国家不惜人才，何以得好？即有才识之才各自避之。现在军阀虽倒，势力尤〔犹〕存。年内必不能统一也，将来无收拾之日。

敝舍生活完全以借贷为营谋。北京公府事已被裁，敝舍更困难，请将目白房子变卖，以便应用。谭组庵与前日大变，现正设法对付。将来吾党或可保存。赵炎午道德甚高，颇有望，其结果总在数月后。余不尽述。书此，敬请

福安

伯母未另

侄一欧谨上
二日

縞弟如見自橫濱入一高信後未有來信見來中收信見振筆知弟修強甚慰想現寄居寬窄舍美兄歡辭手政家中多種書籍有于被庫寡遺失完了吉友人處借有數本其書已老矣日本近來市政改良進步甚

遠謹將開於市政之書多購致本寄錢以便老堂因致國為平政子的書外國有此地舍買需多少錢再寄來切勿忘記玉寄之下購好速寄長仍不誤即向

進步 兄 玠南 十月二日

释读

端弟如见：

　　自接考入一高信后，未有来信。兄来申后会见振华，知弟体强，是慰。想现寄居寄宿舍矣。

　　兄欲办市政，家中无此种书籍，有亦被廖家遗失完了。在友人处借有数本，其书已老矣。日本近来市政改良进步甚速，请将关于市政之书多购数本寄我，以便考查。因我国尚无市政学的书，外国有，此地无。买要多少钱，再寄来。切勿忘记，至要至要！购好速寄长沙不误。即问

进步

　　　　　　　　　　　　　　　　　　　　　　　　　兄欧顿首

　　　　　　　　　　　　　　　　　　　　　　　　　十月二日

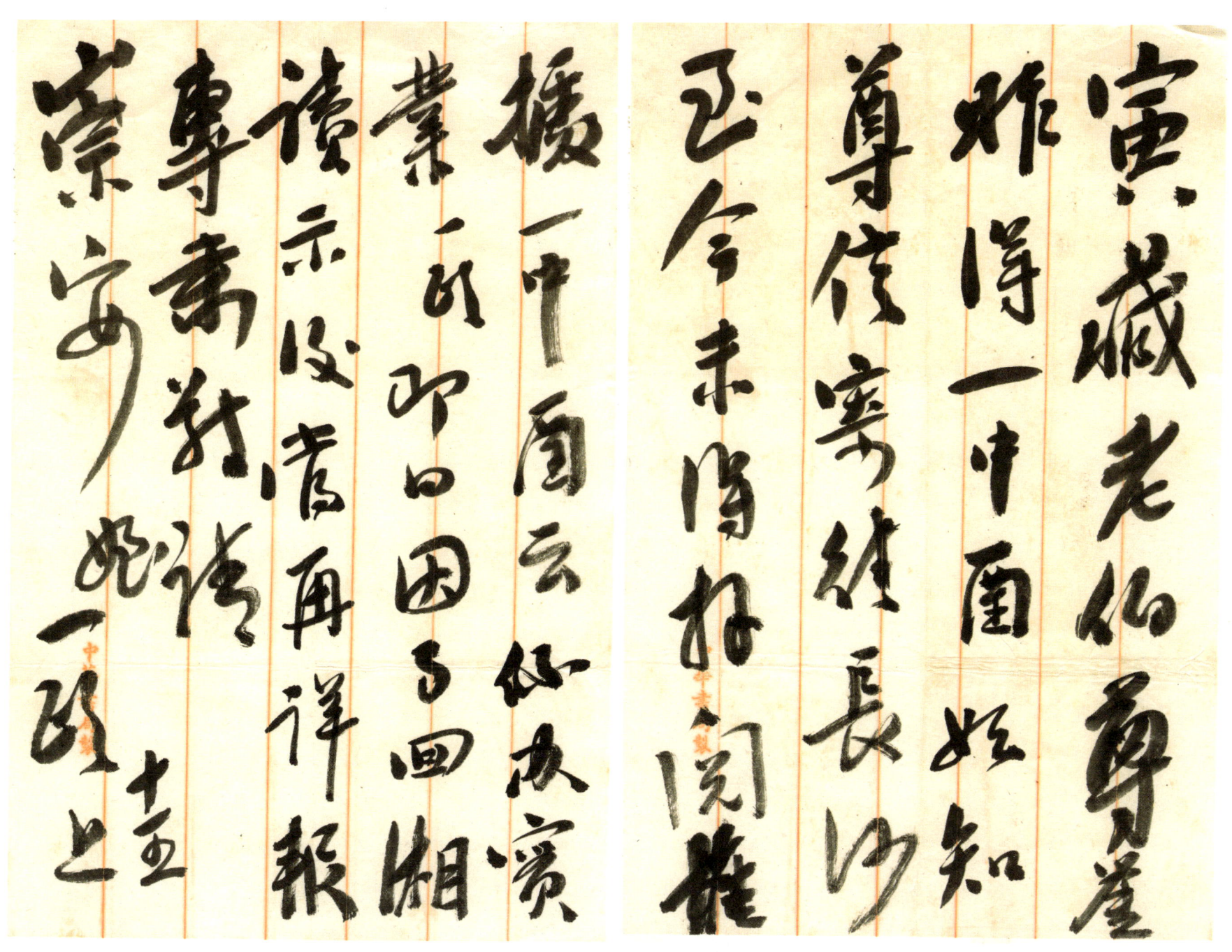

黄一欧致宫崎滔天函（1920年10月16日）

 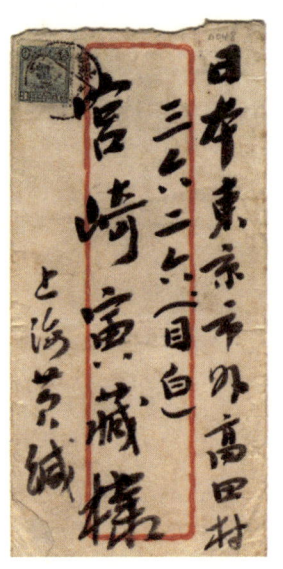

释读

寅藏老伯尊鉴：

　　昨得一中函，始知尊信寄往长沙，至今未得拜阅，惟据一中函云系办实业。一欧即日因事回湘，读示后当再详报专书。敬请
崇安

　　　　　　　　　　　　　　　　　　　　　　　　　　　侄　一欧上

　　　　　　　　　　　　　　　　　　　　　　　　　　　　　十五

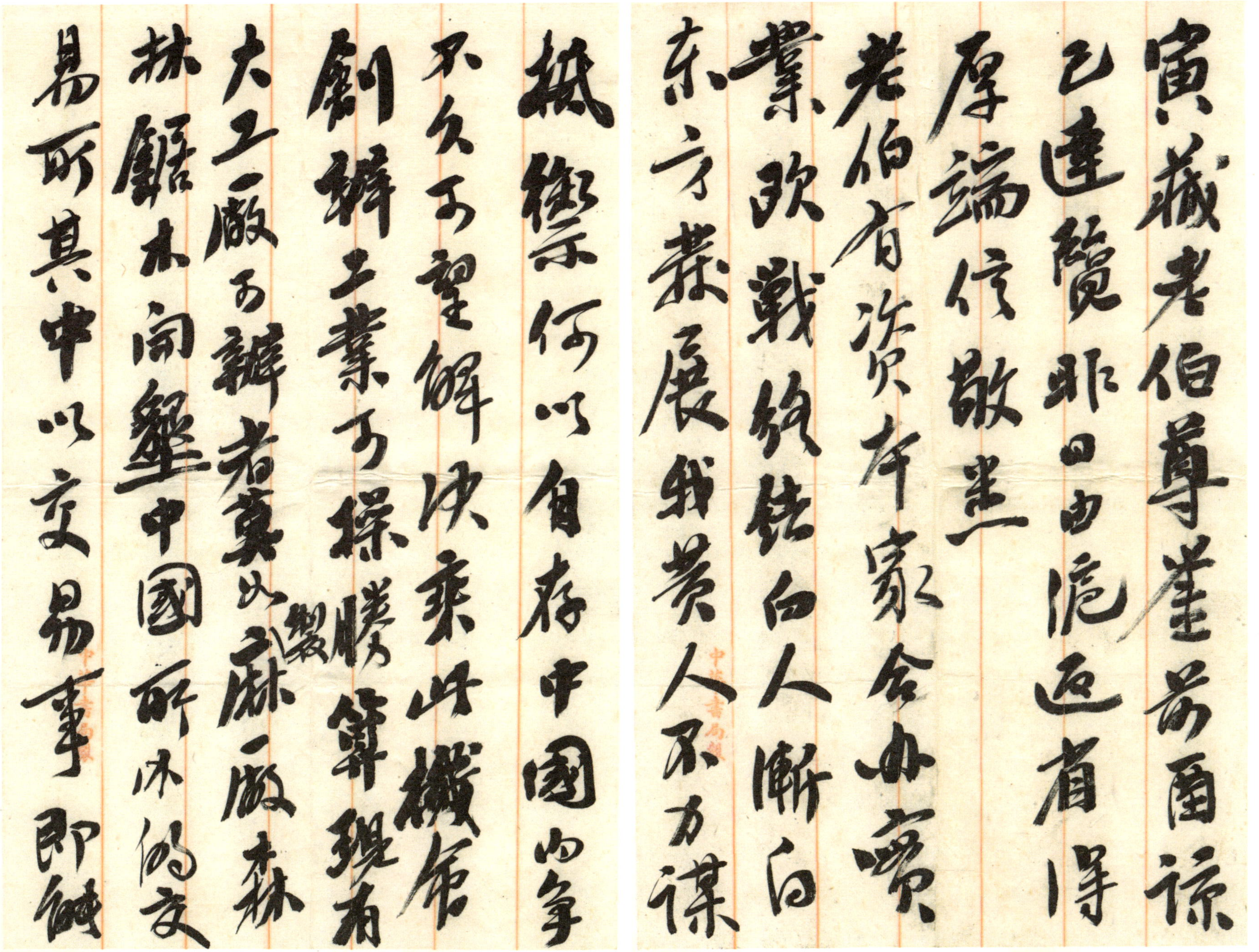

寅藏老伯尊鉴敬禀者
日连览邦国由危返首得
厚端佗敬聿
老伯有资本家合办实
业欤战後铁自人惭自
东方恭展我黄人不方谋
抵御何以自存中国必争
不久可望解决乘此机会
创办工业可操胜算现有
大工厂可办者兼以麻厂森
林罐头间垦中国所休的交
易所其中以交易事即能

黄一欧致宫崎滔天函（1920年10月25日）（一）

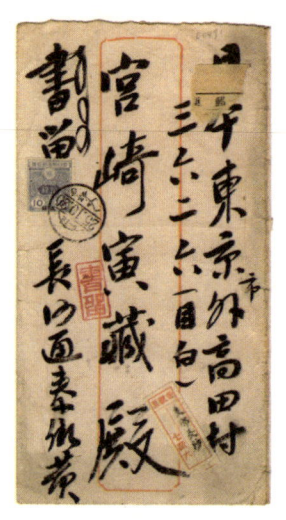

释读

寅藏老伯尊鉴：

前函谅已达览。

昨日由沪返省，得厚端信，敬悉老伯有资本家合办实业。欧战终结，白人渐向东方发展。我黄人不力谋抵御，何以自存？中国内争，不久可望解决，乘此机会创办工业，可操胜算。现有大工厂可办者，莫如制麻厂、森林锯木、开垦。中国所办的交易所，其中以交易事即能（续下页）

收效但此事非中国人出面不易办到湖南现政府不甚好将来的市政必再偿巨款届时吧省既作中岛介绍似若该资本家有意投资请即电示或迟东度磋商或请老伯来沪商量亦可吧意以先办交易所中国方面子加入数十万元此事想画成功（地皮至广已馀不多速易成功）吧一切粮主来此议行哥哥妹妹均向候伯母及各

黄一欧致宫崎滔天函（1920年10月25日）（二）

释读

（接上页）

收效。但此事非中国人出面，不易办到。

　　湖南现政府不甚好，将来的市政必要借巨款，届时侄当能作中为介绍。如若该资本家有意投资，请即电示，或侄东渡磋商，或请老伯来沪商量亦可。侄意以先办交易所，中国方面可加入数十万元。此事想易成功（地点在汉口），余不多述。书此 敬请

福安

伯母及各兄弟妹均此问候

侄　一欧谨上
廿三

滔藏老伯尊鉴顷读来书敬悉一切
湖南局面一变公推赵恒惕为总司令者
议届公举林支宇为临时省长萧翼鲲
为财政厅长仇亦山为交涉暑长邵为
市政公所总办高桦为贯内现因财政
固难不能展布急须借款一千万以高桦
以便积极进行且以抵押物以高桦之
全部利权作抵此种借款早已提议
因陈运以有辨法不许电示为稀敬请
老伯向前进磋高一切其条件次第再
本家欤在中国投资甚为尊重云古贺
特其向必易交涉苟搖勤加以邵主
始湘决不至受何方之搖勤此次邻人
装载困大局不定致無成劲此次邻人
仍陈运以右辨法不许电示为稀敬语
老伯向前进磋高一切其条件次第再
道详 炮 一郎谨上
　　　　　　十二月八日
以荣族一同宣力

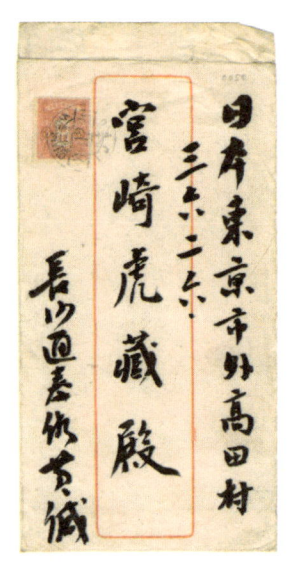

释读

虎藏老伯尊鉴：

顷读来书，敬悉一切。

湖南局面一变，公推赵炎午为总司令，省议会公举林支宇为临时省长、萧翼鲲为财政厅厅长、仇亦山为交涉署长。欧为市政公所总办，商埠局在其内。现因财政困难，不能展布，急须借款一千万以上，以便积极进行。至如抵押物以商埠全部利权作抵，此种借款早已提议数载，因大局不定，致无成效。此次湘人治湘，决不至受何方之摇动，加以欧主持其间，必易交涉。

前尊函云，有资本家欲在中国投资，甚为欢迎。请老伯向前途磋商一切，其条件次函再行陈述。如有办法，即请电示为祷。敬请
道安
请家族一同宣之

                   侄一欧谨上
                   十二月八日

张翼鹏属谭党，张孝准现居上海，程党助赵。
关于市政书籍速代购数册寄下，至要至要。

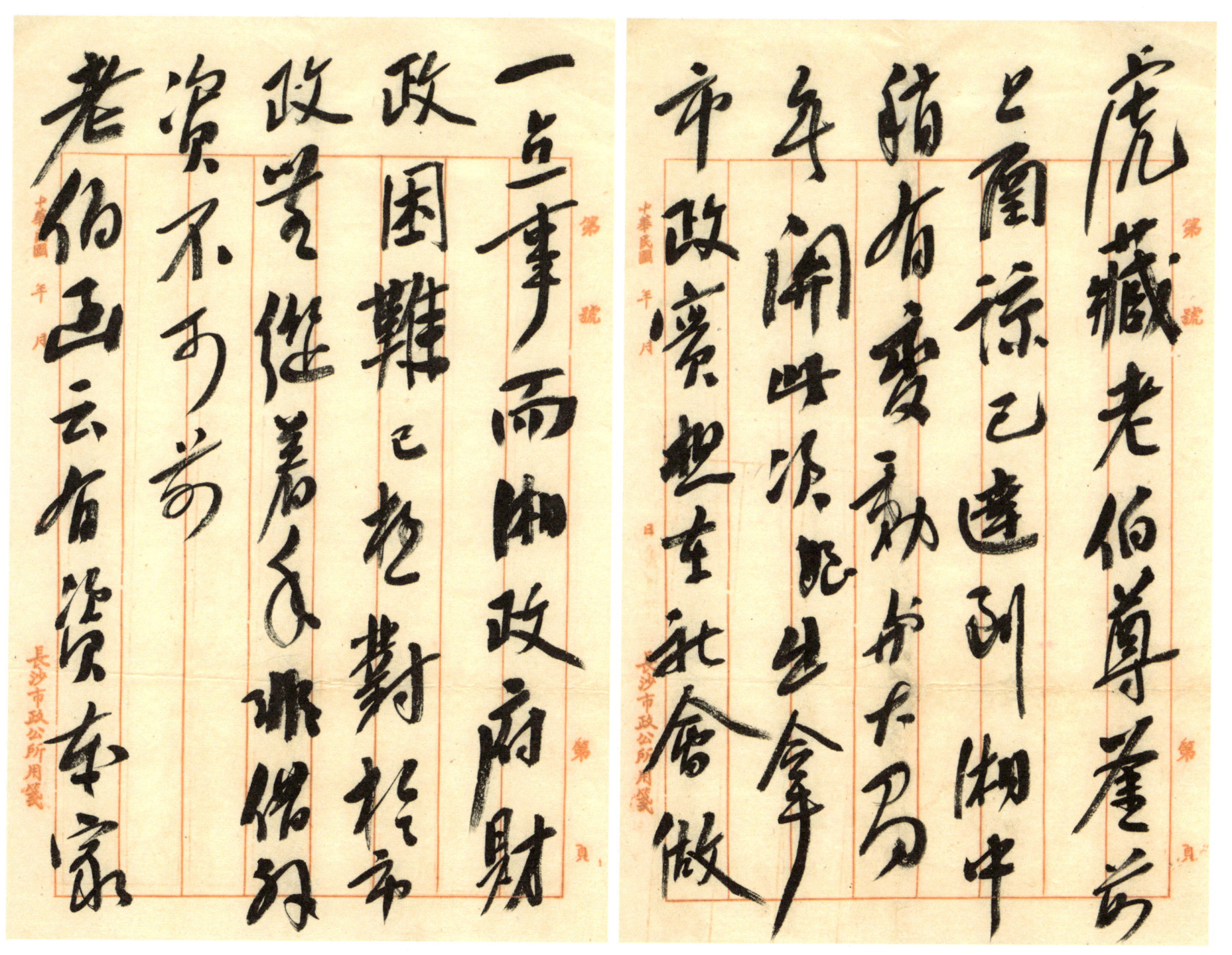

黄一欧致宫崎滔天函（1920年□月30日）（一）

宫崎滔天家藏民国人物书札手迹（第二卷）

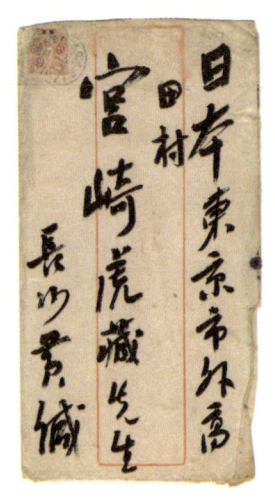

释读

虎藏老伯尊鉴：

前上函谅已达到。

湘中稍有变动，与大局无关。此次侄出拿市政，实想在社会做一点事。而湘政府财政困难已极，对于市政无从着手，非借外资不可。

前老伯函云，有资本家（续下页）

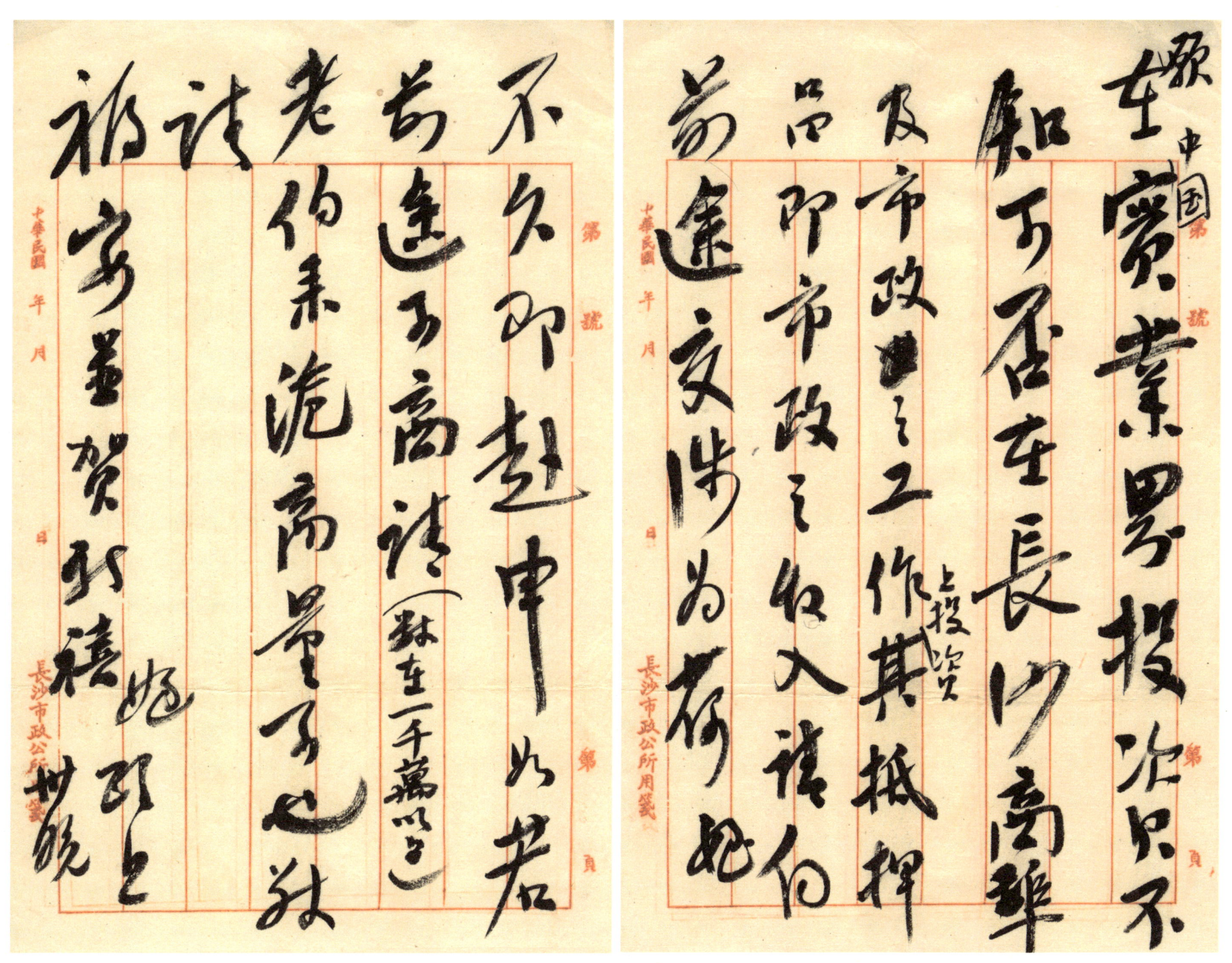

黄一欧致宫崎滔天函（1920年□月30日）（二）

释读

（接上页）

愿在中国实业界投资，不知可否在长沙商埠及市政之工作上投资，其抵押品即市政之收入。请向前途交涉为荷。侄不久即赴申，如若前途可商，请（数在一千万以上）老伯来沪商量可也。敬请

福安并贺新禧

侄 欧 上

三十晚

寅藏老伯尊鉴拜别候间四年虽间通笔札终以久违发苍稀摹为怀恨州俱集敬维福履康怡阔潭每蒙为此梅年来奉邦逵掃墓工完毕稍盡子职而南北战事蒌生而经费告罄荔果已多遂致停顿恨辰深又以政潮汹涌不敢揍入漩涡而家计必斯上亏重闱下为弟妹仰事俯蓄责任鉅艱又不能生以待毙与得出就公府諮议之职不料政府二少极家之困難藉水不解梅州巡发且有数月载半年未领岀是以现家京葬实自己不堪芳状其与年中携春寿属居逢遇难处不能不预為準備以作左右结计無可施久撕变賣目宙房屋以资接济特此商诸我兄代覓售主价值函少重算元以外金多金妙此有机会即诸我兄主持一切死画示知变賣之后其便银即诸椰义舍弟属端汇寄為祷抱记底無慈湘中老幼之平安尚以孝健尊寿讲经仰母塾念兄妹均圪向候爱此不莊
姪黄一欧谨啟安六月五日

释读

寅藏老伯尊鉴：

拜别倏阅四年，虽间通笔札，然以久违教益，孺慕之怀，与时俱集。敬维福履康愉、阖潭多庆为颂。

侄年来本欲速将墓工完毕，稍尽子职。嗣因南北战争发生，而经费告罄，亏累已多，遂致停顿，愧恨殊深。又以政潮汹涌，不敢卷入漩涡。而家计如斯，上有重闱，下多弟妹。仰事俯蓄，责任巨艰，又不能坐以待毙，只得出就公府咨议之职。不料政府亦如侄家之困难，薪水不能按时照发，且有数月或半年未领者。是以现家京都，窘迫已不堪言状矣。此数年中，携眷奔走，耗费颇多。近者湖南战衅又开，眷属恐又须迁移，亦不能不预为准备。以故左支右绌，计无可施。久拟变卖目白房屋，以资接济。特此商请我公代觅售主，价值至少在万元以外，愈多愈妙。如有机会，即请我公主持一切，飞函示知。变卖之后，其价银即请掷交舍弟厚端汇寄为祷。

侄托庇无恙。湘中老幼，亦均平安，并以奉慰慈注耳。专此，敬请

尊安

诸维伯母暨各兄妹均此问候

爱忠不庄

侄黄一欧谨启

内子附笔请安

六月五日

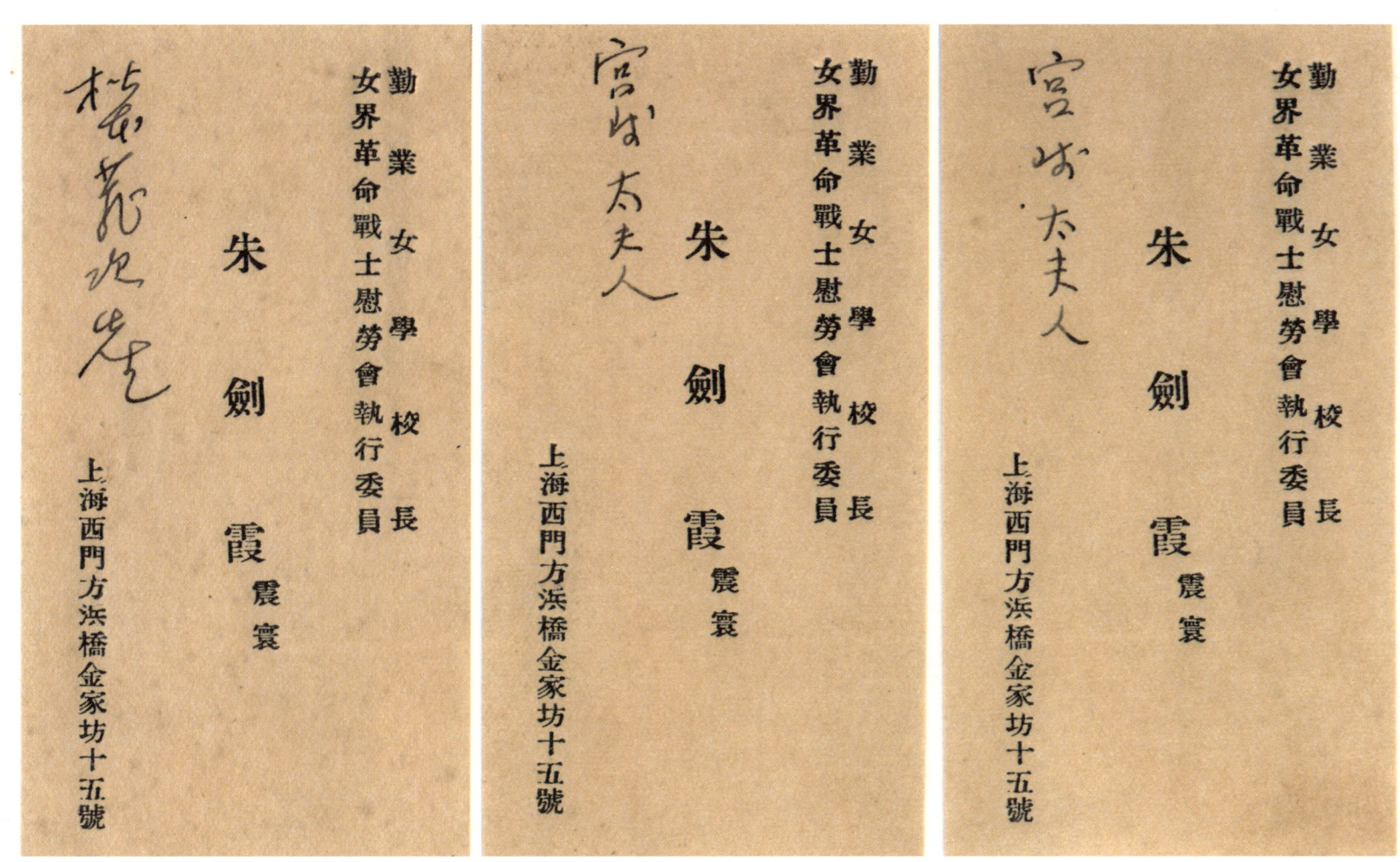

黄一中致宫崎滔天夫人函（1929年）
附三张朱剑霞名片

宫崎滔天家藏民国人物书札手迹（第二卷）

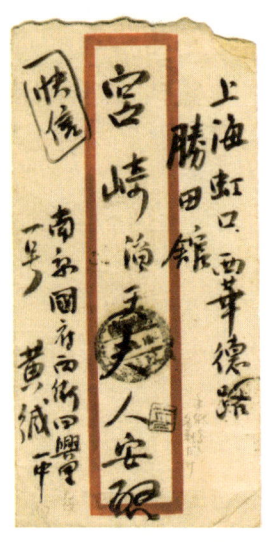

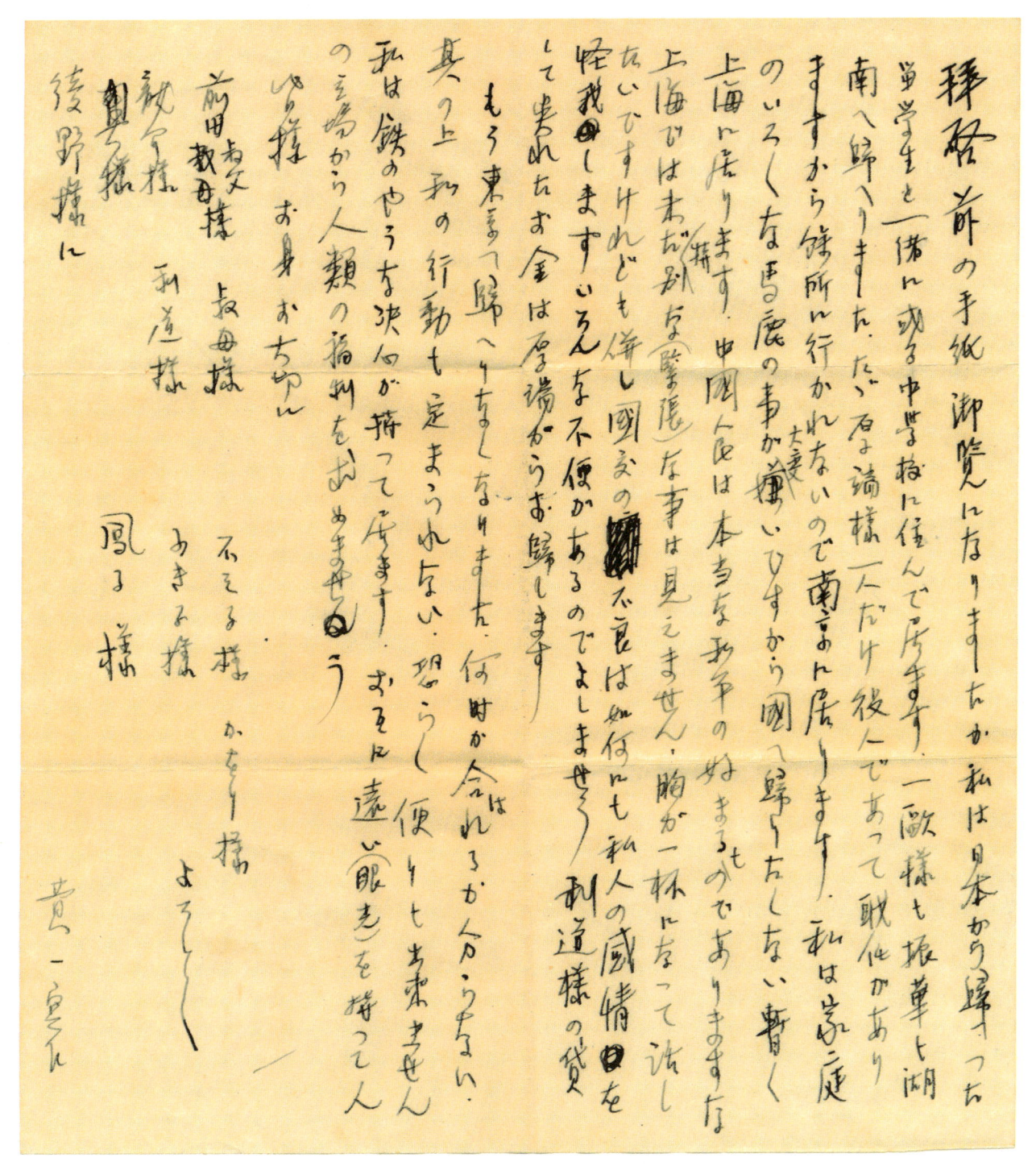

黄一寰致宫崎绫野函（1937年8月12日）

 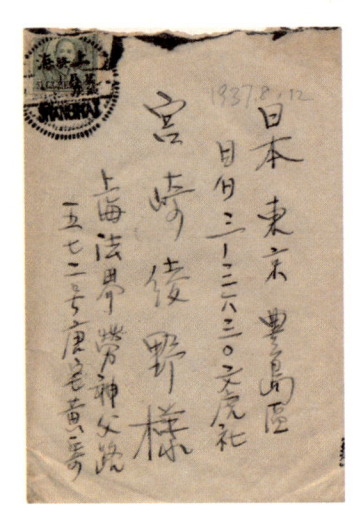

释读

拜启：

前函已拜读。

我现与自日本归国的留学生一起住在某中学。一欧和振华已回湖南。惟厚端一人身在公职，无法擅离职守，故仍在南京。我因十分厌烦家庭琐事，亦未回故里，暂居上海。

中国人民真心热爱和平，上海尚未出现特别（紧张）的局势。我心潮澎湃，有满腹话想一吐为快。国交恶化肯定伤及私人感情，带来私交不便。向利道借贷的欠款，将由厚端代为归还。

我不再回东京，不知何时能重逢。加之我行踪不定，恐亦无法致函。我决心如铁。让我们都放眼长远，立足人性，追求人类幸福。

顺祝大家

身体健康

致 前田叔父及叔母　宫崎叔母　不三子
　　龙介兄及嫂夫人　　利道兄　　簬苓
　　绫野嫂　　　　　　凤子

黄一寰

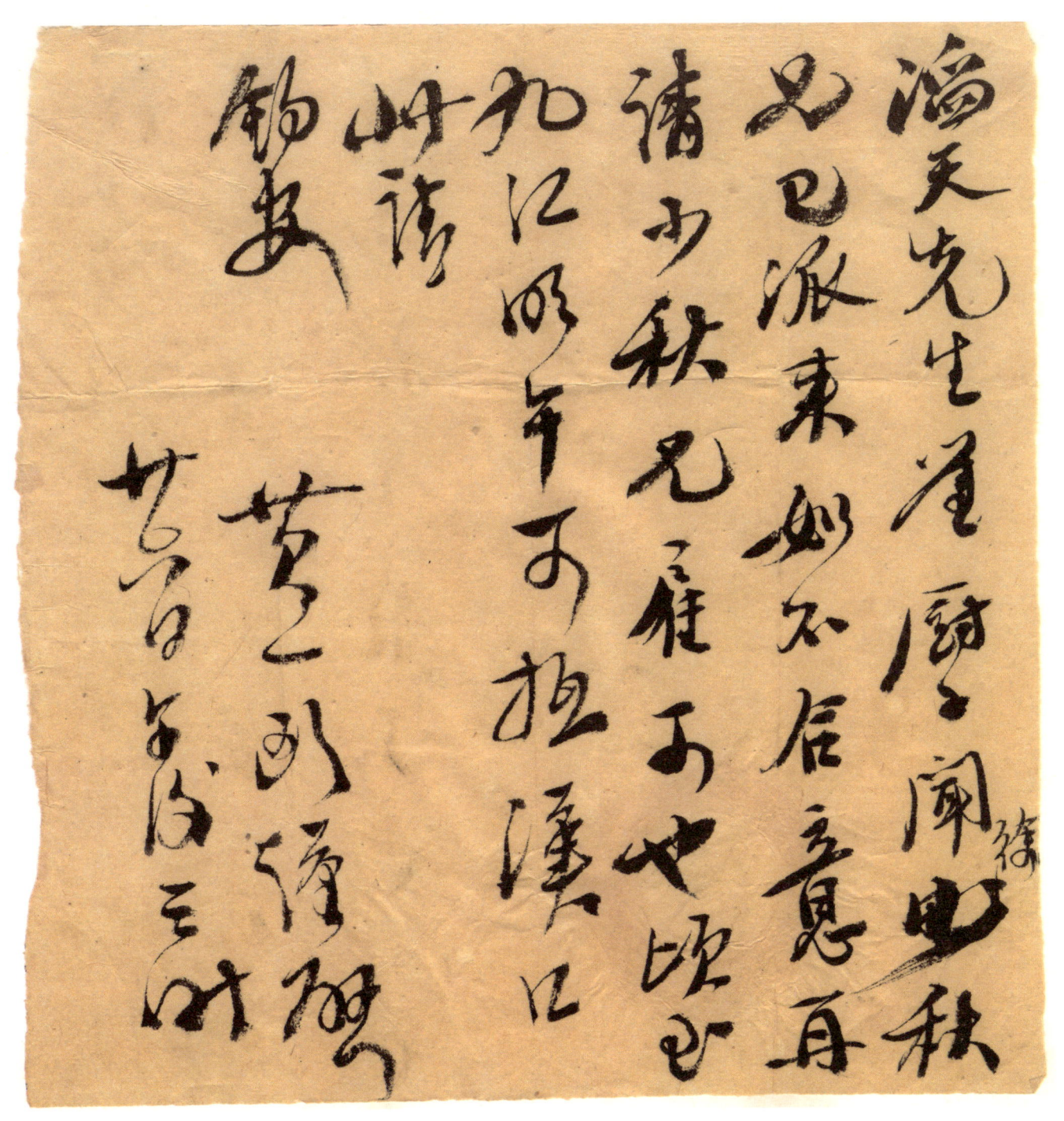

黄一欧致宫崎滔天函（□年12月26日）

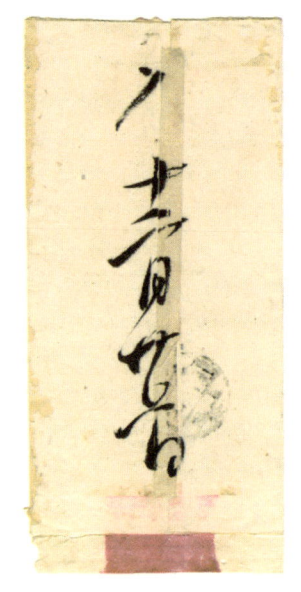
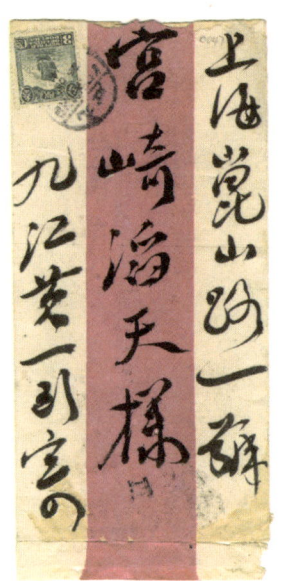

释读

滔天先生鉴：

  厨子闻徐少秋兄已派来，如不合意，再请少秋兄雇可也。顷至九江，明午可抵汉口。此请

钧安

黄一欧谨启
二十六日午后三时

聞

黃公諱興字克強痛於民國五年十月三十一日午前四時疾終溘寓享年四十有三經於十一月二日午前五時入殮謹定十二月二十二日在福開森路本宅開弔二十三日舉殯長沙哀此訃

子
一歐
一中
一美
一球
振文華
文德華

女

主喪友人

孫　文
唐紹儀
李烈鈞
蔡元培
柏文蔚
譚人鳳

黃宅治喪辦事處致宮崎龍介函（1916年11月）

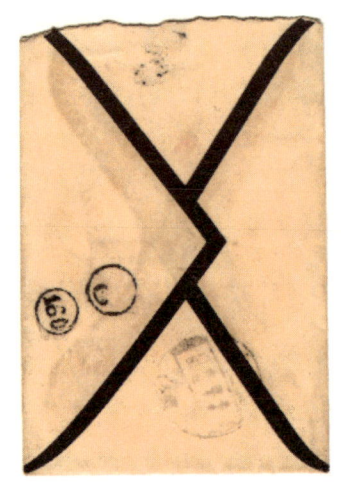 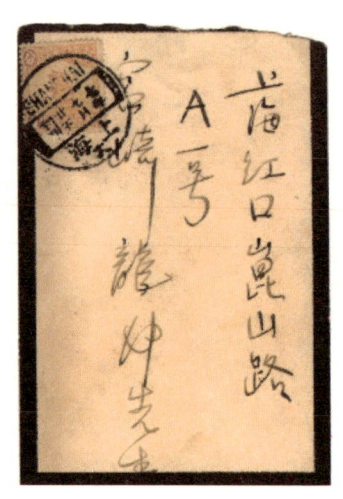

释读

黄公讳兴字克强,痛于民国五年十月三十一日午前四时疾终沪寓,享年四十有三。经于十一月二日午前五时入殓。谨定十二月二十一、二十二日,在福开森路本宅开吊。二十三日举殡长沙。哀此讣闻。

子	一欧 一中 一美 一球	女	振华 文华 德华

主丧友人　孙　文
　　　　　唐绍仪
　　　　　李烈钧
　　　　　蔡元培
　　　　　柏文蔚
　　　　　谭人凤

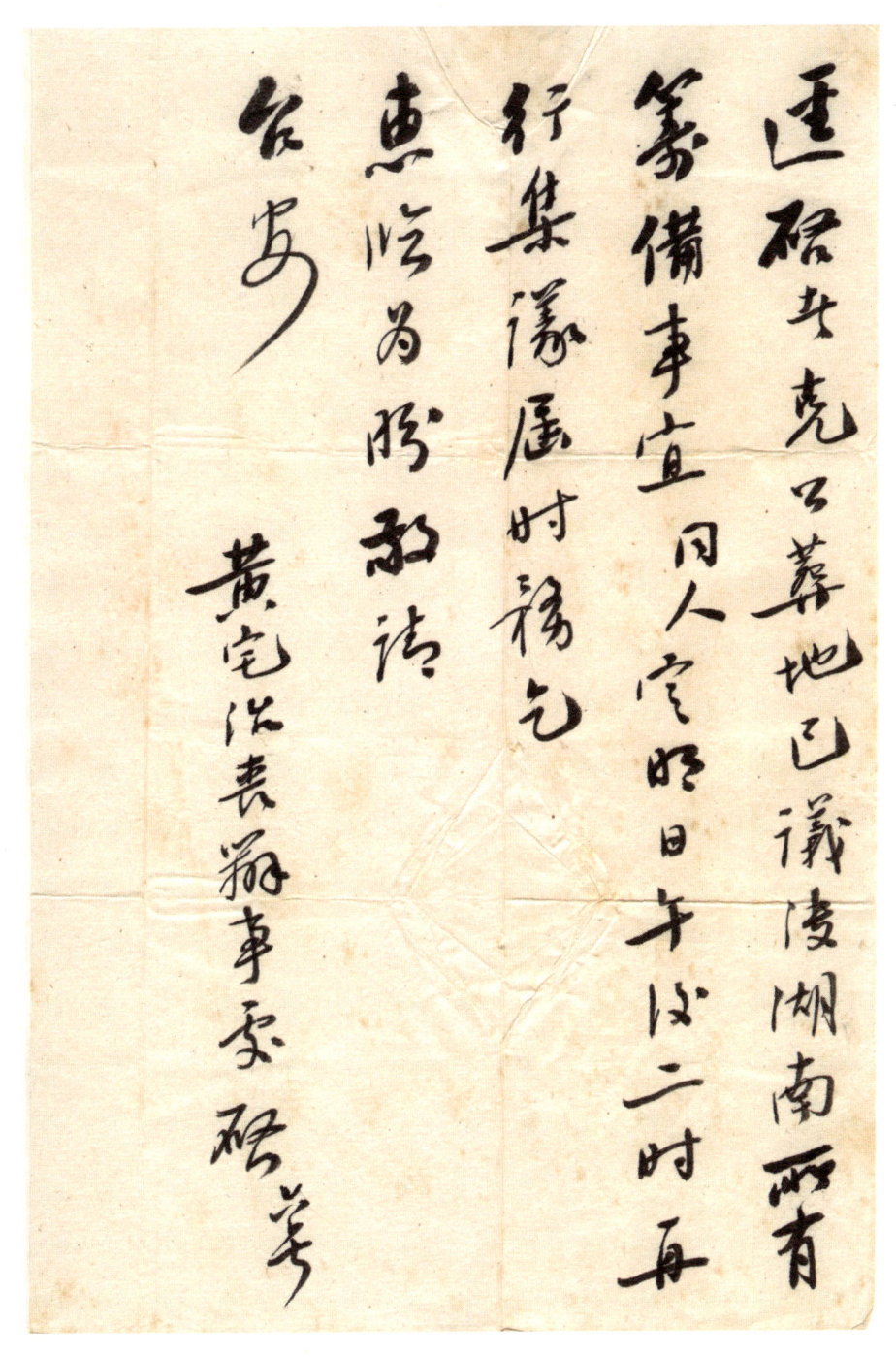

黄宅治丧办事处致宫崎滔天函（1916年12月6日）

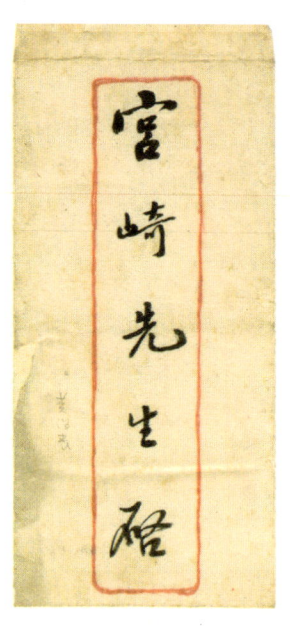

释读

径启者：

　　克公葬地已议陵湖南，所有筹备事宜，同人定明日午后二时再行集议。届时务乞惠临为盼。敬请

台安

黄宅治丧办事处启

六号

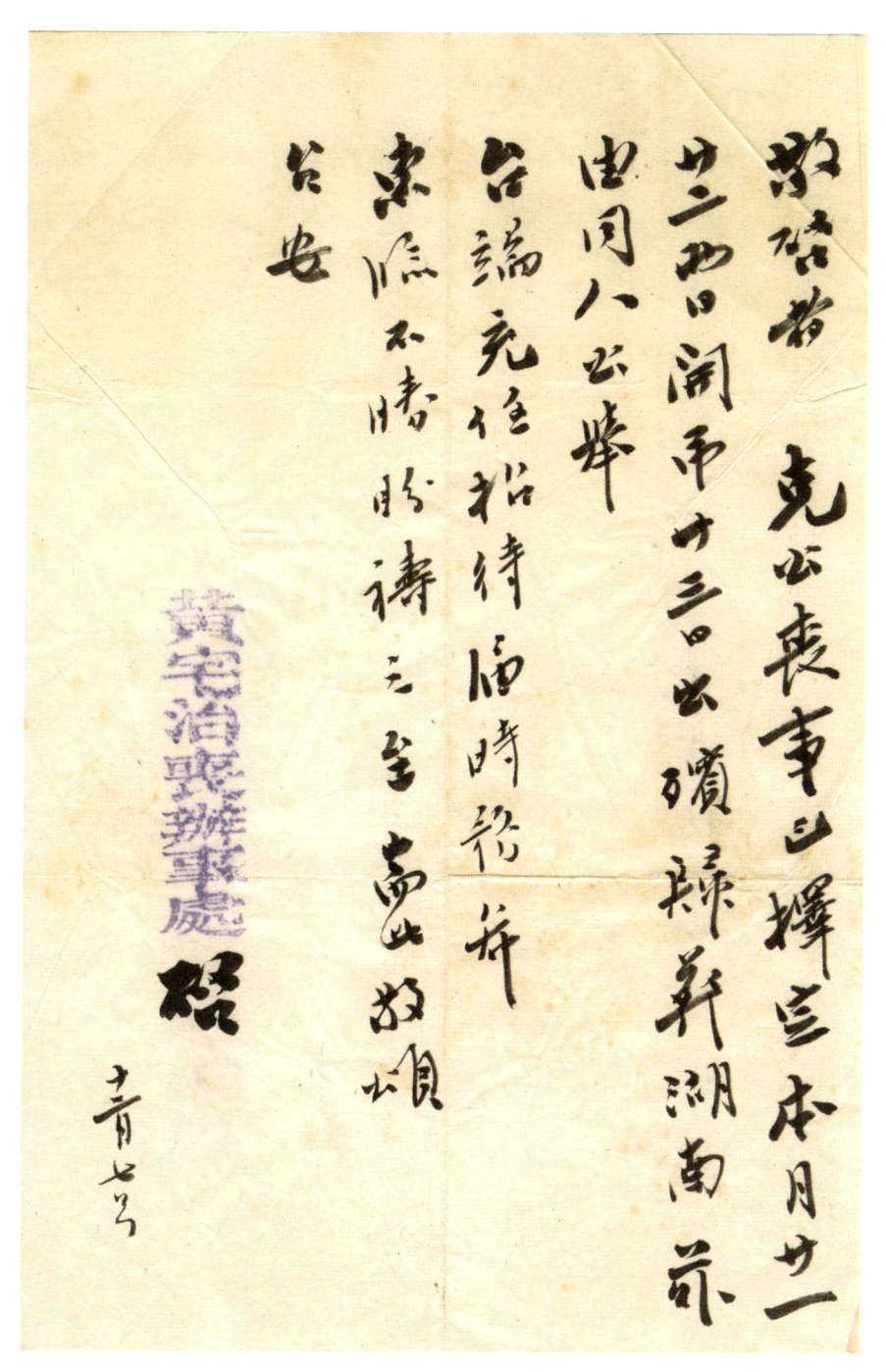

黄宅治丧办事处致宫崎槌子函（1916年12月7日）

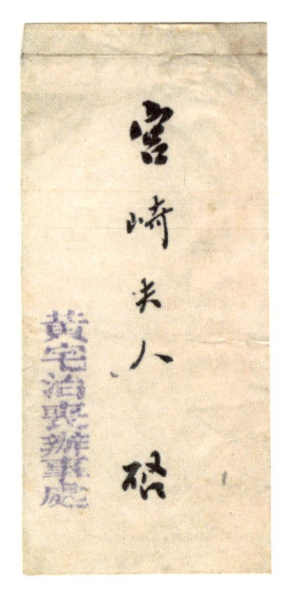

释读

敬启者：
　　克公丧事已择定本月廿一、廿二两日开吊，廿三日出殡，归葬湖南。兹由同人公举台端充任招待，届时务希东临，不胜盼祷之至。
专此 敬颂
台安

　　　　　　　　　　　　　　　　　　　黄宅治丧办事处启
　　　　　　　　　　　　　　　　　　　　　十二月七日

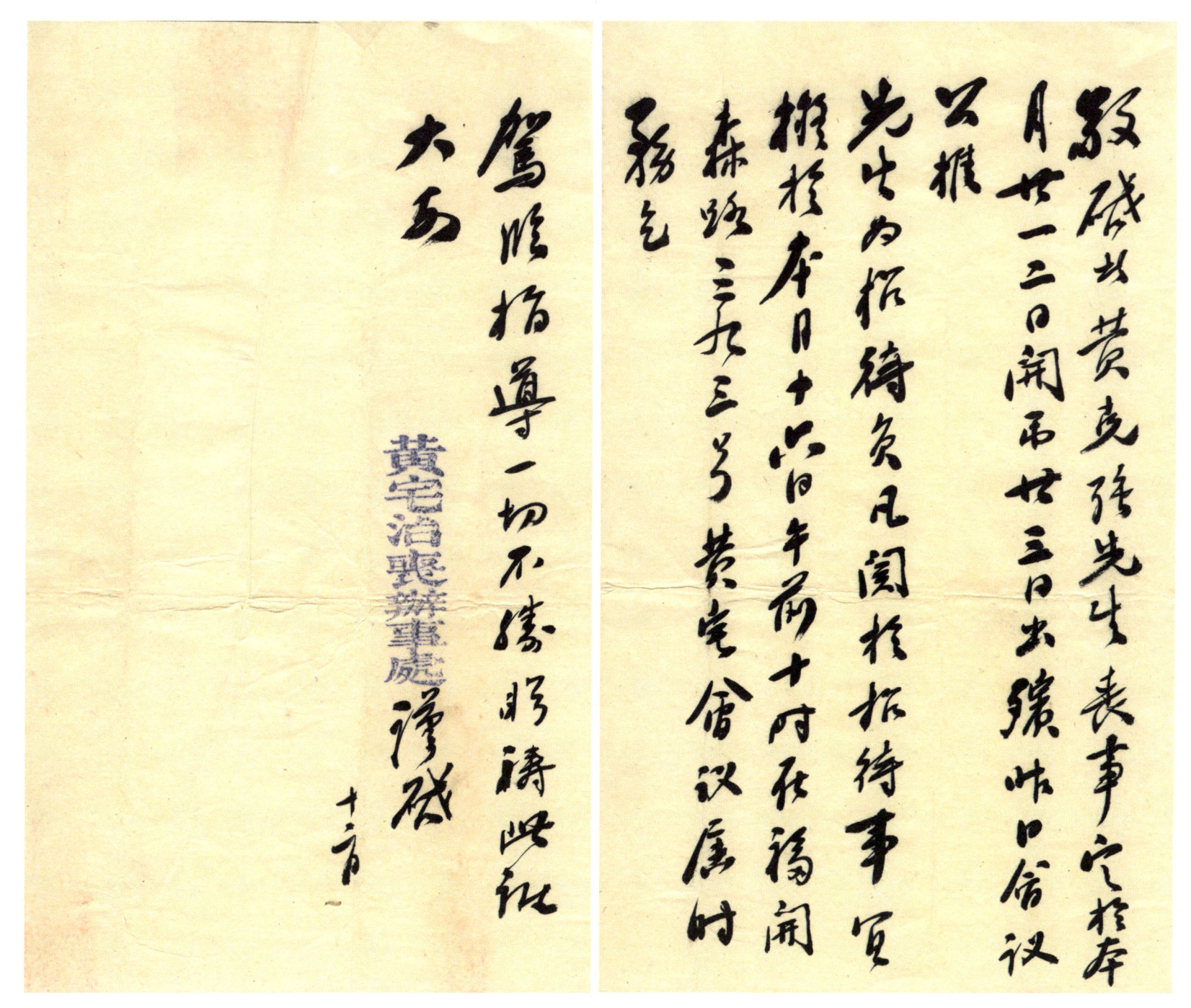

黄宅治丧办事处致宫崎滔天函（1916年12月12日）

释读

敬启者：

　　黄克强先生丧事定于本月廿一、二日开吊，廿三日大殡。昨日会议公推先生为招待，负凡关于招待事宜。拟于本月十六日午前十时，在福开森路三九三号黄宅会议。届时务乞驾临指导一切。不胜盼祷。此祈

大安

　　　　　　　　　　　　　　　　　　　　　　　　黄宅治丧办事处谨启

　　　　　　　　　　　　　　　　　　　　　　　　　　十二日

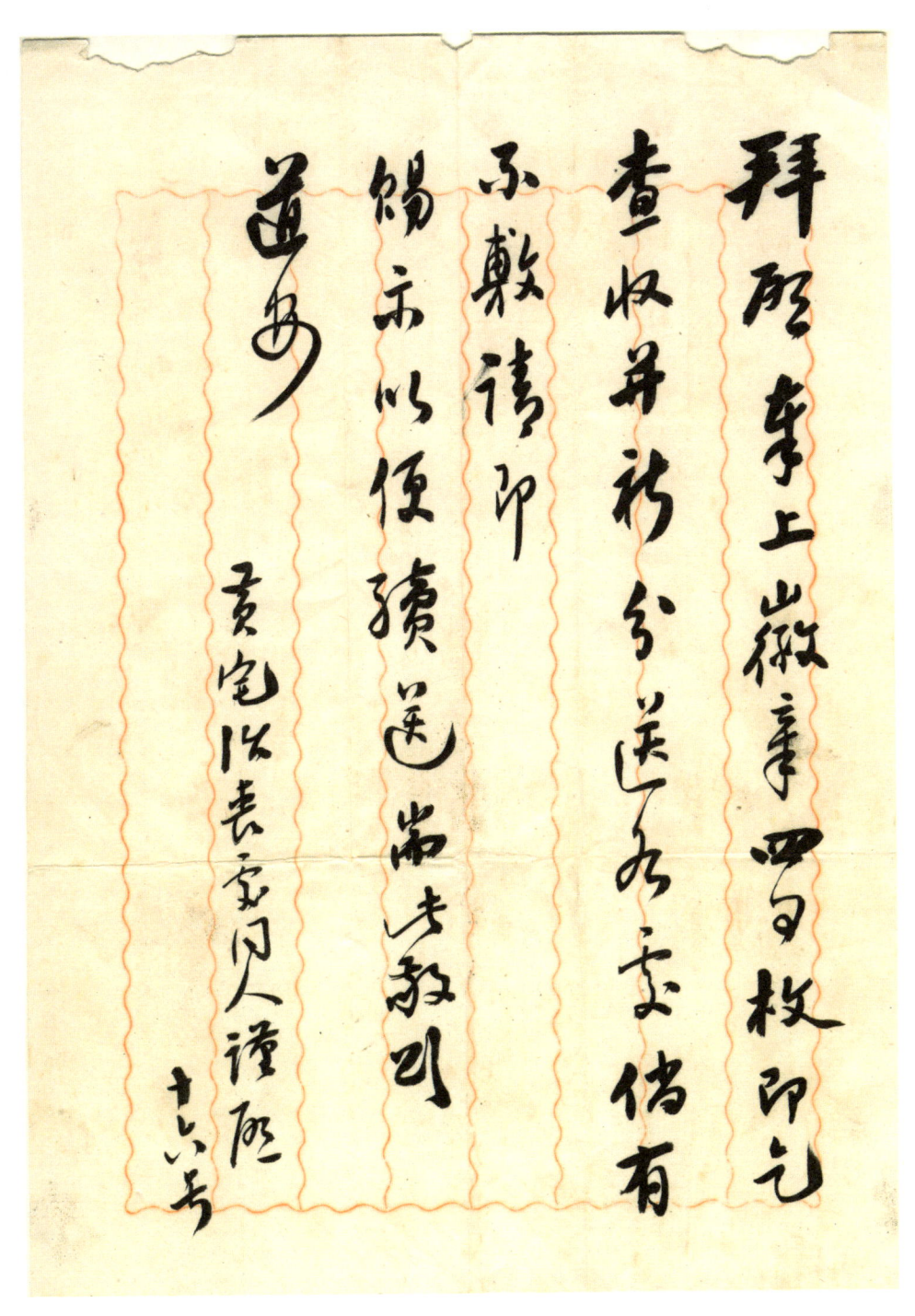

黄宅治丧办事处致宫崎滔天函（1916年12月16日）

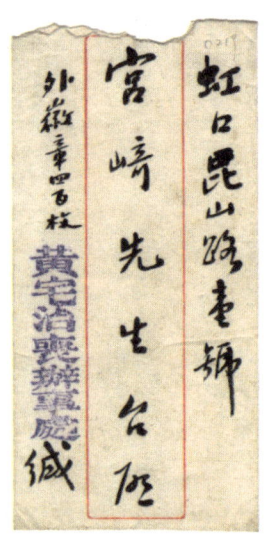

释读

拜启：

　　奉上徽章四百枚。即乞查收，并祈分送各处。倘有不敷，请即赐示，以便续送。耑此 敬颂

道安

　　　　　　　　　　　　　　黄宅治丧处同人谨启

　　　　　　　　　　　　　　　　十六号

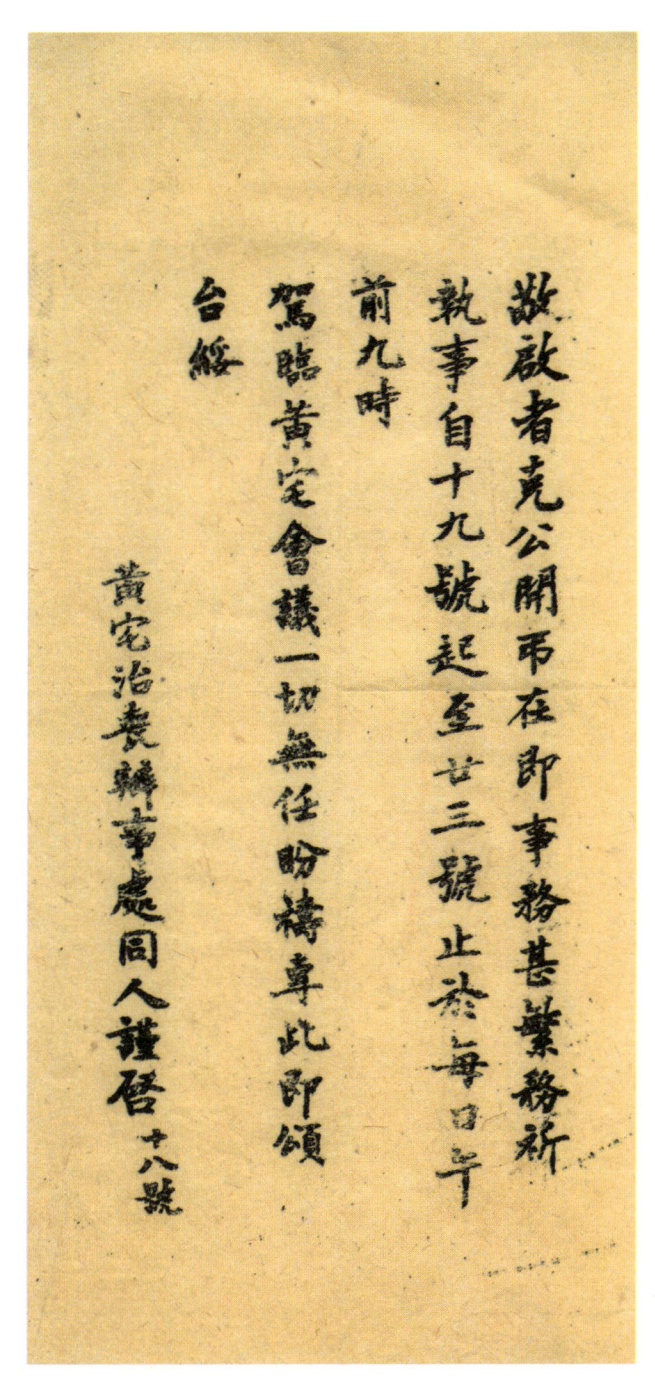

黄宅治丧办事处致宫崎滔天函（1916年12月18日）

宫崎滔天家藏民国人物书札手迹（第二卷）

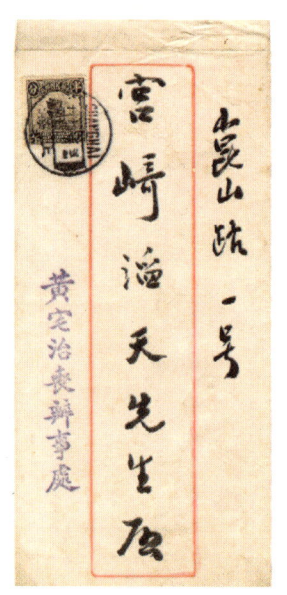

释读

敬启者：

　　克公开吊在即，事务甚繁。务祈执事自十九号起至廿三号止，于每日午前九时驾临黄宅会议一切。无任盼祷。专此　即颂

台绥

黄宅治丧办事处同人谨启
十八号

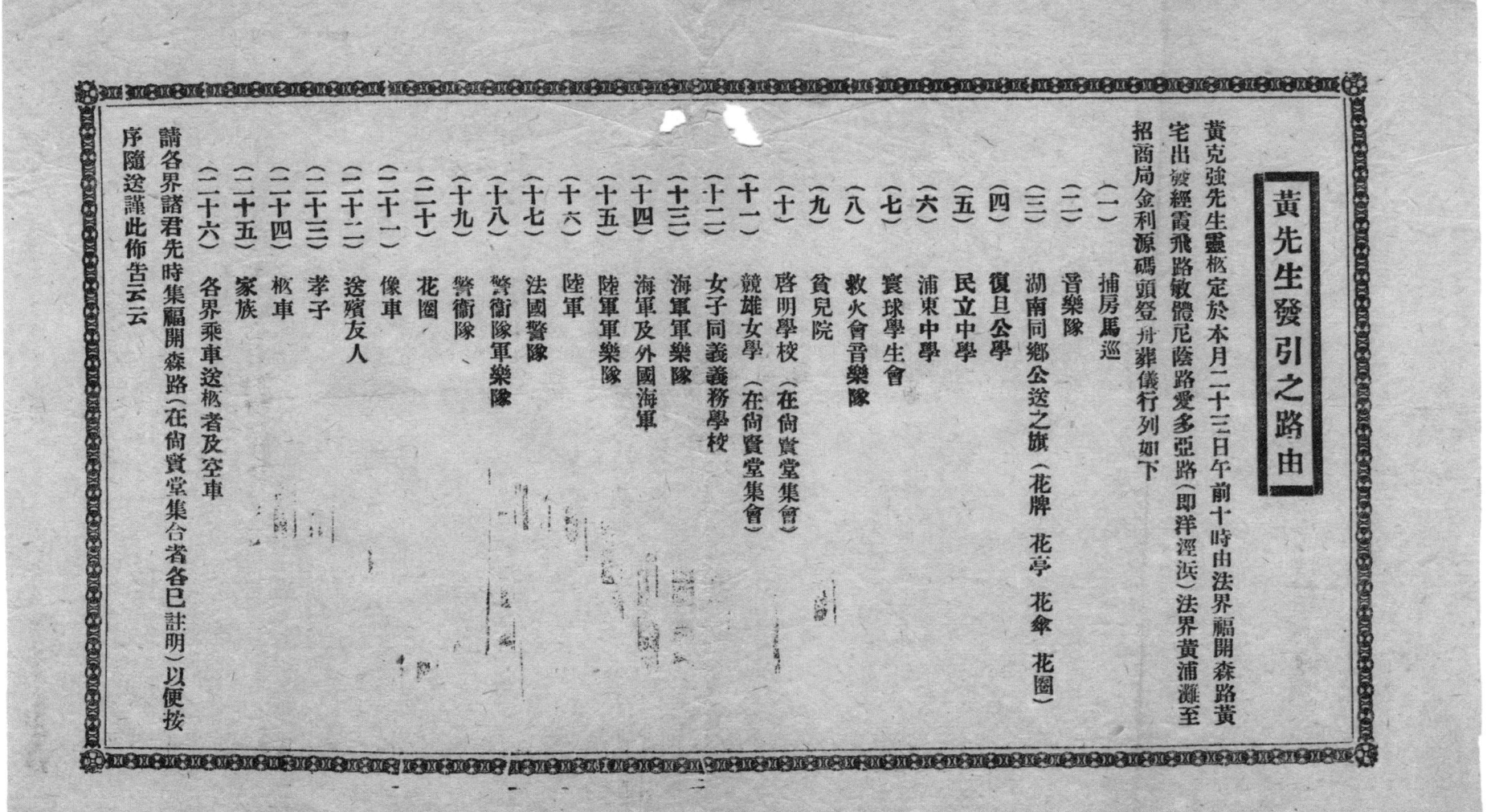

黃宅治喪辦事處致宮崎滔天函（1916年12月）

释读

黄先生发引之路由

  黄克强先生灵柩定于本月二十三日午前十时由法界福开森路黄宅出发，经霞飞路、敏体尼荫路、爱多亚路（即洋泾浜）、法界黄浦滩至招商局金利源码头登舟。葬仪行列如下：
（一）捕房马巡
（二）音乐队
（三）湖南同乡公送之旗（花牌、花亭、花伞、花圈）
（四）复旦公学
（五）民立中学
（六）浦东中学
（七）寰球学生会
（八）救火队音乐队

（九）贫儿院

（十）启明学校（在尚贤堂集会）

（十一）竞雄女学（在尚贤堂集会）

（十二）女子同义义务学校

（十三）海军军乐队

（十四）海军及外国海军

（十五）陆军军乐队

（十六）陆军

（十七）法国警队

（十八）警卫队军乐队

（十九）警卫队

（二十）花圈

（二十一）像车

（二十二）送殡友人

（二十三）孝子

（二十四）柩车

（二十五）家族

（二十六）各界乘车送柩者及空车

请各界诸君先时集福开森路，（在尚贤堂集合者各已注明）以便按序随送。

谨此布告云云。

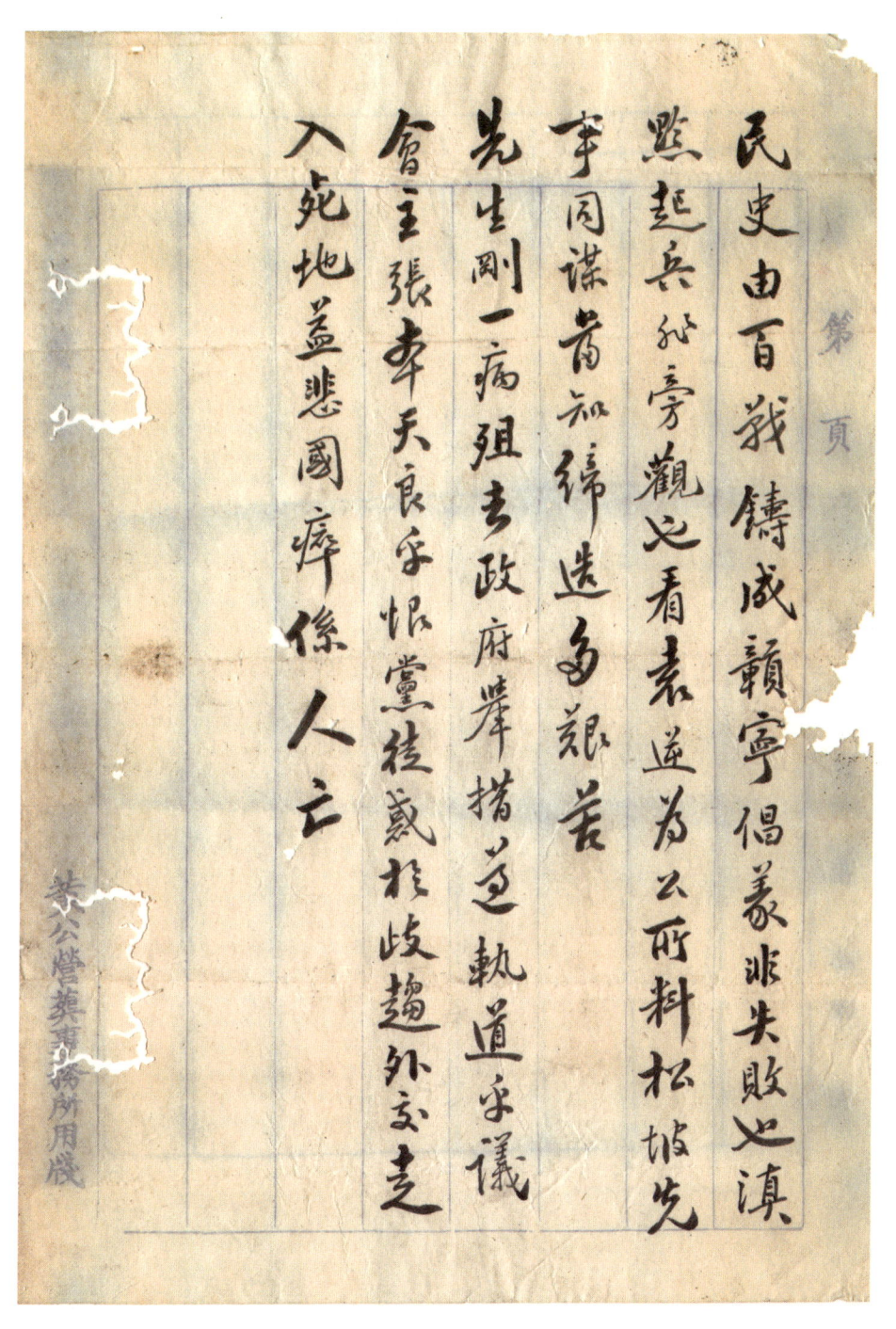

民史由百戰鑄成顧寧倡義非失敗之滇黔起兵孰旁觀之看袁逆為所料松坡先生同謀首加締造多艱苦李同謀首加締造多艱苦先生剛一病阻去政府舉措彭執道平議會主張幸天良守恨黨桂感於歧趨外交走入究地蓋悲國瘁係人之

黃公營葬事務所呈宮崎滔天挽聯抄件（1916年12月）

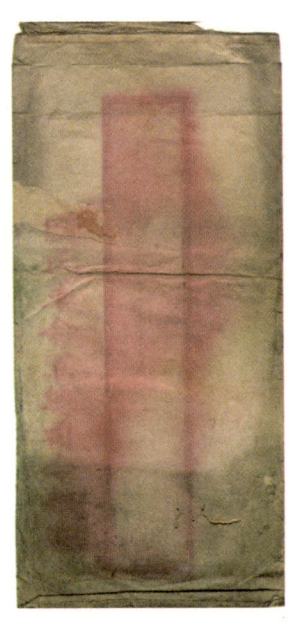

释读

民史由百战铸成,赣宁倡义非失败也,滇黔起兵非旁观也。看袁逆为公所料,松坡先事同谋,当知缔造多艰苦;先生刚一病殂去,政府举措遵轨道乎?议会主张本天良乎?恨党徒惑于歧趋,外交走入死地,益悲国瘁系人亡。

毛泽东（1893—1976）

　　湖南湘潭人。字润之。辛亥革命爆发后参加新军。1914年在湖南第一师范学校求学。1918年与蔡和森等发起成立新民学会。1920年在长沙创建共产党早期组织。1921年7月出席中共第一次全国代表大会，后任中共湘区委员会书记，领导长沙、安源等地工人运动。1923年6月出席中共第三次全国代表大会，被选为中央执行委员，参加中央领导工作。1924年国共合作后，在国民党第一、第二次全国代表大会上都当选为候补中央执行委员，曾在广州任国民党中央宣传部代理部长，主编《政治周报》，主办第六届农民运动讲习所。1926年11月任中共中央农民运动委员会书记。国共合作全面破裂后，在1927年8月中共中央紧急会议上，被选为中央政治局候补委员。会后，到湖南、江西边界领导秋收起义，发动土地革命，创立第一个农村革命根据地。1928年同朱德领导的起义部队会师，成立工农革命军（不久改称红军）第四军，任党代表、军委书记。1930年8月红军第一方面军成立，任总政治委员。1931年中华苏维埃共和国临时政府在江西瑞金成立，被选为主席。1933年被补选为中共中央政治局委员。从1930年冬到1931年秋，同朱德领导红一方面军粉碎了国民党军三次"围剿"。1934年10月参加红一方面军长征。1935年1月遵义会议上当选为中共中央政治局常委，实际上确立了在中共中央和红军的领导地位。同年10月中共中央和红一方面军到达陕北，结束长征。1936年12月同周恩来等促成西安事变和平解决。抗日战争开始后，以毛泽东为首的中共中央坚持抗日民族统一战线，努力发动群众，开展敌后游击战争。1943年3月被选为中共中央政治局主席。1945年主持召开中共第七次全国代表大会，作《论联合政府》报告。从七届一中全会起至1976年逝世为止，一直担任中共中央主席。1945年8月赴重庆同蒋介石谈判。1946年夏国民党发动全面内战后，领导中国人民解放军进行解放战争，推翻了国民党政府。1949年9月主持召开中国人民政治协商会议第一次全体会议，当选为中央人民政府主席。新中国成立后，领导全国人民恢复国民经济，完成土地改革和各项民主改革任务，镇压反革命，进行抗美援朝战争，开展"三反""五反"运动，主持制定了党在过渡时期的总路线和第一部《中华人民共和国宪法》。1954年在第一届全国人民代表大会第一次会议当选为中华人民共和国第一任主席。1966年错误地发动了"文化大革命"。1976年9月9日在北京逝世。

萧植蕃（1896—1983）

　　湖南湘乡人。又名萧子暲、萧三。早年曾在湖南第一师范就读，与毛泽东同学多年。1918年与毛泽东、蔡和森等一起创建新民学会。1920年赴法国勤工俭学。1922年加入共产党，后赴莫斯科学习。1924年回国，曾任中共湖南省委委员、共青团中央组织部长并代理书记等职。1927年作为中国左翼作家联盟代表长驻苏联。1939年春回到延安。中华人民共和国成立后，历任中苏友好协会副总干事、世界和平理事会常务理事、中国作协书记处书记，第五届全国政协常委。1983年2月4日在北京逝世。

白浪滔天先生阁下，久钦高谊，觌面先生之于黄公，生以精神助之，死以涕泪吊之，今将葬矣，波涛万里，又复临穴送棺，高谊贯于日月，精诚动乎鬼神，此天下所希闻古今无缘，远道闻风令人兴起。

所未有也。植蕃、泽东，湘之学生，尝读诗书，颇立志气，今者愿一望见

先生之丰采，聆取

宏教。惟

先生实赐容接。幸甚幸甚。

湖南省立第一师范学校学生 萧植蕃 毛泽东 上

萧植蕃、毛泽东致宫崎滔天信函（1917年）

宫崎滔天家藏民国人物书札手迹（第二卷）

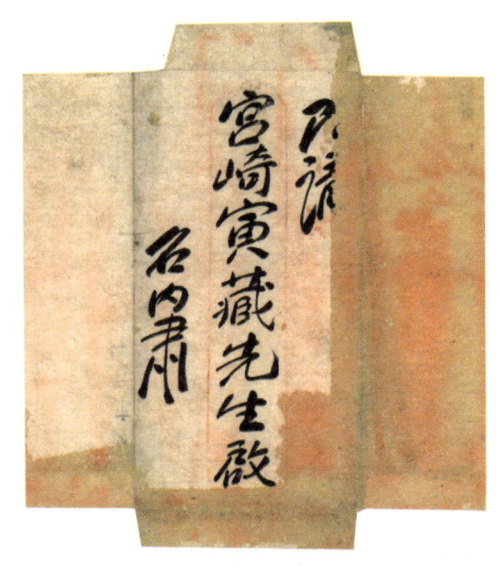

释读

白浪滔天先生阁下：

久钦高谊，睹面无缘，远道闻风，令人兴起。

先生之于黄公，生以精神助之，死以涕泪吊之。今将葬矣，波涛万里，又复临穴送棺。高谊贯于日月，精诚动乎鬼神。此天下所希闻，古今所未有也。植蕃、泽东，湘之学生，尝读诗书，颇立志气。今者愿一望见丰采，聆取宏教。惟先生实赐容接，幸甚幸甚。

湖南省立第一师范学校学生
萧植蕃 毛泽东 上